AF502236

EUGÈNE SCRIBE

Paris. — Typographie Georges Chamerot, rue des Saints-Pères, 19.

CONFÉRENCE DES MATINÉES LITTÉRAIRES.

EUGÈNE SCRIBE

PAR

E. LEGOUVÉ

DE L'ACADÉMIE FRANÇAISE

1479.

PARIS

LIBRAIRIE ACADÉMIQUE

DIDIER ET Cie, LIBRAIRES-ÉDITEURS

35, QUAI DES AUGUSTINS

1874

EUGÈNE SCRIBE

Mesdames et Messieurs,

C'est un grand bonheur dans la vie que de rencontrer et d'avoir pour ami un de ces hommes supérieurs qui font le charme et l'honneur de leur époque. Je sais pourtant une joie plus grande encore : c'est de pouvoir, si cet ami disparaît avant nous, le faire revivre pour ceux qui l'ont connu, le faire connaître à ceux qui le connaissent mal, le défendre contre ceux qui le méconnaissent ou le nient.

Je dois beaucoup à Scribe : non-seulement mon nom a été associé au sien dans des ouvrages favorablement accueillis du public; mais, lors même que j'ai travaillé sans lui, il a été souvent mon collaborateur sans le savoir. Les entretiens de ces maîtres de l'art sont pleins d'enseignements; ils ne disent rien qui ne contienne quelque germe fécond; tel mot que j'avais entendu prononcer à Scribe, sans le remarquer, me revenant tout à coup à la mémoire quand j'étais à l'œuvre, m'avertissait d'un péril ou m'ouvrait une voie de salut, et je pourrais citer tel ouvrage de moi, complétement étranger au genre et au goût de Scribe, dont il n'a pas lu une seule ligne, où il ne m'a pas donné un seul conseil, et dont je lui dois en partie la réussite. Pardonnez-moi, messieurs, cette digression personnelle; elle vient, non d'un sentiment de vanité, mais d'un sentiment de gratitude; vous parler de moi n'est ici qu'une manière de vous parler de lui.

Messieurs, je trouve une grande difficulté dans mon sujet : c'est sa richesse. Je dois vous entretenir d'un homme qui a écrit plus de quatre cents ouvrages dramatiques, qui a rempli des œuvres les plus diverses les cinq théâtres les plus importants de Paris, et j'ai une heure pour cette tâche. Comment faire tenir un si grand tableau dans un si petit cadre ? Je ne vois qu'un moyen, c'est de traiter cette conférence comme une pièce de théâtre, c'est-à-dire de commencer par faire un plan. D'abord Scribe ne me pardonnerait pas de parler de lui sans un plan. Divisons donc, si vous le voulez, l'art dramatique en cinq parties : 1° l'invention des sujets; — 2° le plan ; — 3° les caractères ; — 4° le style; — 5° la mise en scène, et 6°... Je vous nommerai ce sixièmement quand nous y arriverons. Montrer ce que fut Scribe dans chacune de ces six parties, ce sera le montrer tout entier. Mais que cette division un peu dogmatique ne vous effraye pas, c'est en action que je veux le peindre. Je veux vous le représenter, tel que je l'ai connu, sur son double champ de bataille, c'est-à-dire dans son cabinet de travail et sur la scène, et Dieu veuille que mes paroles vous rendent quelque peu du plaisir et du profit que j'ai eus à écouter celui que je n'appellerai pas un homme de génie, le mot est peut-être trop fort, ni un homme un talent, le mot est certainement trop faible, mais qu'on peut définir : l'esprit qui a le plus amusé le monde depuis Voltaire !

L'INVENTION.

J'appelle invention dramatique la faculté spéciale de trouver, dans la vie ou dans son imagination, des sujets de pièces et de les disposer au point de vue de la scène : c'est un double don, don d'imagination et don d'optique, et ces deux talents réunis constituent l'homme de théâtre. Eh bien, Scribe n'était pas seulement un homme de théâtre, c'était l'homme-théâtre. Pour lui, tout se métamorphosait en pièces ; pour lui, la vie humaine se jouait sur la scène, la nature même lui apparaissait souvent comme une décoration. Je me rappelle qu'un jour, dans son beau domaine de Séricourt, il m'amena devant un charmant point de vue : « Regardez donc ! me dit-il, le décor du 1er acte de la *Muette.* »

Sa vocation se révéla de bonne heure. Il débuta, à peine majeur, par quatorze chutes. Le jour de la quatorzième, il dit à son collaborateur Germain Delavigne : « Quel métier ! j'y renonce ! Et après les quatre ou cinq plans que nous avons ensemble, je n'en fais plus ! » *Après les quatre ou cinq plans*, est adorable. C'est le mot naïf de la passion ! « Encore ces quatre ou cinq louis, dit le joueur, et je ne joue plus. » « Que je la revoie encore une fois, dit l'amoureux, puis je pars ! » Et l'on ne part pas, et l'on joue encore, et quand on s'appelle Scribe, on écrit toujours. Mais, lors même qu'on s'appelle Scribe, souvent au début on se cherche, on s'ignore, et l'on a grand besoin que quelqu'un vienne vous dire : « Voilà votre route ! » Scribe trouva un ami qui le devina, qui le poussa en avant, et qui imagina le moyen le plus étrange pour lui apprendre ce qu'il valait. Cet ami lui répétait sans cesse : « Tu arriveras ! tu auras un jour autant de talent que Barré, Radet et Desfontaines ! — Que c'est absurde d'exagérer ainsi ! répliquait Scribe. — Je t'en réponds, reprenait l'autre ; seulement, il te manque deux choses : la continuité du travail et la solitude. Eh bien, je t'enlève ! J'ai, à quelques lieues de Paris, de bons amis qui habitent une jolie maison de campagne ; je t'y emmène ! — Tu m'y emmènes ! tu m'y emmènes ! mais je ne les connais pas, tes amis ! — Je les connais, moi, cela suffit. Nous

nous y installons ensemble pour quatre mois, et, à l'automne, tu reviendras avec cinq ou six pièces charmantes. » Les voilà partis, les voilà logés tous deux dans deux chambres contiguës, Scribe toujours sous le regard de son geôlier, et ne descendant qu'après sa journée de travail, pour trouver la plus cordiale hospitalité et une table excellente. Un seul détail le gênait : c'était l'indiscrétion de son ami. Si, par hasard, le rôt était trop brûlé ou les légumes trop salés : « C'est détestable ! s'écriait l'ami; emportez-moi ce plat-là. » Scribe, confus comme le sont toutes les bonnes gens quand ils se trouvent témoins des sottises des autres, — il leur semble toujours que ce sont eux qui les font, — Scribe baissait le nez sur son assiette, envoyait sous la table des coups de pied à son ami pour le forcer à se taire, et, le dîner fini, lui adressait les plus vifs reproches : « On ne parle pas ainsi à des hôtes ! — Laisse faire ! ils sont enchantés. — Tu ne te conduirais pas autrement dans une auberge. » C'est qu'en effet ils étaient dans une auberge ou, du moins, dans une pension bourgeoise ; une pension où l'ami payait pour Scribe; l'ami logeait, chauffait, nourrissait Scribe pour le contraindre à travailler, pour forcer le génie naissant à éclore. Connaissez-vous un plus bel exemple de l'amour de l'art ? Je dois ajouter, il est vrai, pour l'exactitude du récit, que pour peu que l'ami eût trouvé le titre de la pièce, ou donné le point de départ, ou inspiré un couplet, il passait de l'état d'admirateur à celui de collaborateur ; mais qu'est-ce que cela prouve ? que c'était une admiration... bien placée; elle n'en fut, pour cela, ni moins heureuse, ni moins efficace, et elle aida certainement Scribe à devenir ce qu'il a été, le plus merveilleux inventeur dramatique de notre littérature.

Messieurs, on a quelquefois disputé à Scribe ce titre d'inventeur, et on l'a dédaigneusement qualifié d'arrangeur. La réponse est bien simple. Scribe a, pendant vingt ans, occupé le premier rang sur les principaux théâtres de Paris. Eh bien, il n'en a abordé aucun sans y apporter une forme d'ouvrages inconnue avant lui ; à mesure qu'il s'élevait à un genre nouveau, il s'y transformait et le transformait. Qui peut nier que les *Huguenots,* le *Domino noir,* les *Malheurs d'un amant heureux, Bertrand et Raton,* ne soient autant de créations tout à fait originales, autant de types d'un répertoire qui n'existait pas avant Scribe? Quand on lui refuse le titre d'inventeur, on n'oublie qu'une chose : c'est qu'il a sa part de paternité, de création dans les œuvres, je dirais presque dans le génie de nos plus grands compositeurs. Que Meyerbeer n'ait pas rencontré Scribe, qu'Auber n'ait pas rencontré Scribe, qu'Halévy n'ait pas rencontré Scribe. Les aurions-nous eus tout entiers? Évidemment non. Pourquoi? Parce que Scribe les a agrandis et comme suscités en leur ouvrant et en s'ouvrant à lui-même des routes nouvelles. Ce n'est pas un brevet d'invention qu'il mérite, c'est deux.

Du reste, il suffit d'avoir travaillé avec Scribe pour se rendre compte de cette incroyable faculté créatrice. En réalité, savez-vous pourquoi il a écrit quatre cents pièces de théâtre? Parce qu'il n'a pas pu s'en empêcher! Parce que la loi de sa puissante nature était d'inventer, comme la loi de l'eau est de couler, comme la loi de la lumière est de se répandre! J'ai bien souvent cherché une définition de Scribe, et je n'en ai trouvé qu'une : C'était un amoureux! Un amoureux qui avait toujours trois ou quatre passions à la fois! L'art a lu don Juan comme l'amour, Scribe me rappelait le héros de Molière; c'était un don Juan dramatique. Dès qu'une jolie idée de comédie ou d'opéra passait devant lui, qu'elle fût habillée en paysanne ou en princesse, en jeune fille ou en grande dame, il quittait Elvire pour courir à elle, lui faisait la cour, l'épousait séance tenante, et l'union, en général, était féconde. J'ai dit qu'il avait composé quatre cents pièces de théâtre, c'est *quatre mille* que je devrais dire, si l'on comptait toutes celles qu'il a improvisées, ébauchées et oubliées! C'était un perpétuel jaillissement d'idées! Tout lui était prétexte à invention ; un hasard de promenade, un entretien, une lecture, une visite. Le directeur de l'Opéra vient un jour lui confier son désir d'avoir un ballet nouveau, Scribe crée le ballet de genre dans la *Somnambule*. Une autre fois, nouvel appel : la direction est aux abois; il faudrait une œuvre originale, singulière, propre à ramener la foule : Scribe imagine l'alliance de l'opéra avec la pantomime et fait la *Muette*. Savez-vous comment lui est venue l'idée de son plus beau poëme lyrique? en lisant l'Évangile. Il était en train d'écrire une comédie; ses yeux tombent par hasard sur une belle édition illustrée du Nouveau

Testament, sur la description des noces de Cana. A cette phrase de Jésus-Christ à sa mère : « Femme, qu'y a-t-il de commun entre vous et moi? » Scribe s'arrête, et peu à peu, transformant dans son imagination la figure du Christ : « Ce serait beau à peindre, se dit-il, un homme amené à dépouiller tous ses sentiments naturels, pour remplir ce qu'il regarde comme sa mission, sacrifiant son devoir de fils à son rôle de Dieu! Quel admirable personnage pour Talma! » Malheureusement Talma était mort; mais heureusement Meyerbeer vivait, et Scribe composa le *Prophète.*

Il est un autre fait que je vous demande la permission de vous citer, car vous y verrez tout à la fois l'inventeur et l'homme. Scribe passait l'automne à la campagne chez des amis. On employait les soirées à lire des romans anglais. La lectrice était une pauvre institutrice, qui, un jour, dans un entr'acte de lecture, dit en soupirant : « Ah! si je pouvais jamais réaliser mon rêve! — Et quel est donc votre rêve, mademoiselle? — D'avoir quelque jour, dans un bien long temps, douze cents livres de rente, qui me donneraient l'indépendance et le repos. » A quelque temps de là, un soir, après le dernier chapitre d'un roman assez insignifiant, Scribe dit tout à coup à la lectrice : « Savez-vous, mademoiselle, qu'il y a là un fort joli sujet de comédie en un acte? C'est vous qui me l'avez fourni, voulez-vous que nous fassions la pièce ensemble? » Vous jugez si elle accepta. Trois jours après, Scribe descend au salon avec la comédie achevée, et, trois mois plus tard, on annonce la première représentation. Le matin, Scribe se rend chez son agent dramatique : « Aujourd'hui, lui dit-il, on donne une pièce de moi, où j'ai une collaboratrice. Quel sera le succès de l'ouvrage? je l'ignore ; mais ce que je sais, c'est que cette comédie rapportera douze cents francs par an à ma collaboratrice, tout le temps de sa vie : arrangez-vous pour que cela ait l'air naturel. » Voilà un trait bien délicat, n'est-ce pas? et Scribe, qu'on a tant accusé de plagiat, n'a imité cela de personne, et n'a pas eu beaucoup d'imitateurs. Mais écoutez la fin. Affriandée par ce succès, l'institutrice trouvait sans cesse dans les romans anglais de nouveaux sujets de comédie, et les apportait à Scribe, qui déclinait l'offre en souriant : sur quoi, la collaboratrice, quand on lui vantait Scribe, répondait tout bas : « Oh! oui! oui! c'est un charmant jeune homme! Mais enfin, il est un peu ingrat, car nous avons fait ensemble une pièce très-jolie, puisqu'elle nous rapporte à chacun douze cents francs par an, et il ne veut plus en faire d'autres! » Scribe ne la détrompa jamais. Oh! la charmante chose qu'un homme supérieur, qui est en même temps un bon homme! Et quelle belle puissance imaginative que celle qui tire d'un mauvais roman une jolie pièce et une bonne action!

J'ai essayé de vous peindre la faculté d'invention de Scribe ; je voudrais maintenant en chercher le principe, et pour cela, si vous le voulez, ne considérons plus en lui que l'auteur comique.

Il y a dans tout grand auteur comique un philosophe.

Je veux dire qu'il porte en lui-même un ensemble d'idées générales, une conception théorique de la vie, dont ses comédies ne sont que la réalisation. Ces idées générales lui viennent soit de sa nature propre, soit du milieu où il a été élevé, et représentent la part de sa pensée et de son caractère dans les œuvres de son imagination : elles constituent son rôle social et moral. Celui de Scribe fut considérable. Il se résume en un mot : Scribe représente la bourgeoisie. Né rue Saint-Denis, dans un magasin de soieries, à l'enseigne du *Chat noir,* il restera toujours, et là est sa force, l'homme de la rue Saint-Denis; c'est-à-dire qu'en lui s'incarne cette classe moyenne et parisienne, travailleuse, économe, honnête, à qui manque peut-être un certain sentiment de la grandeur, qui ne poursuit pas un idéal très-élevé, mais qui garde en partage le bon sens, le bon cœur et le culte des vertus domestiques. De là l'originalité de Scribe dans la littérature de la Restauration. Il fut l'antithèse naturelle du romantisme. Pendant qu'*Antony* nous entraînait éperdus et enivrés comme lui dans le tourbillon des passions adultères, tandis qu'*Hernani* nous enthousiasmait pour les bandits, et que *Marion Delorme* nous prêchait le culte des virginités refaites et surfaites, Scribe, lui, vantait le bonheur dans le ménage et prenait pour héroïnes les jeunes filles avant la lettre. Relisez les divers répertoires de Scribe : *le Mariage de raison* ou *Une Chaîne,* les *Premières Amours* ou *le Mariage d'argent,* vous y trouverez partout la défense de l'autorité paternelle, la prédominance de la raison sur la passion ; sa muse est la muse du coin du feu, du pot-au-feu, si l'on veut, mais c'est la muse du foyer de famille. On prétend qu'après une représentation du *Mariage d'inclination,* une jeune fille se jeta dans les bras de sa mère, en lui avouant qu'elle était sur le point de se laisser enlever. Après une pièce d'Alexandre Dumas père, elle se serait jetée dans les bras de son amant, en lui disant : Enlève-moi !

Les comédies de Scribe représentent encore la bourgeoisie par les sentiments patriotiques qui les remplissent. Ses guerriers et ses lauriers, ses vieux grognards, ses colonels, ont fait sourire depuis ; nous, ils nous faisaient pleurer : car nous étions au lendemain de l'invasion ; nos blessures étaient encore saignantes ; chacun de ces couplets de vaudeville était pour nous une consolation et comme une sorte de revanche ; ou je me trompe fort, messieurs, ou nous ne nous en moquerions plus aujourd'hui !

Enfin l'œuvre de Scribe représente encore la bourgeoisie dans ses sentiments politiques. On a souvent remarqué que presque tous les grands auteurs comiques sortent de la bourgeoisie. La raison en est simple. Placés entre les classes d'en bas et les classes d'en haut, ils peuvent facilement se mettre en communication avec toutes deux, descendre vers l'une, monter vers l'autre, et embrasser ainsi dans leurs observations la société tout entière. Scribe, par la loi d'ascension naturelle au talent heureux, s'éleva bien vite au-dessus du monde des commerçants, mais en y gardant toujours un pied, et pénétra, toutes portes ouvertes, dans les sociétés oisives ou riches et dans le monde officiel. Les salons aristocratiques lui étaient également accessibles, mais il ne fit qu'y passer; ils ne lui plaisaient et il ne leur plaisait qu'à demi. Il n'en parla jamais complétement la langue, il n'en comprenait pas l'élégance traditionnelle. Son faubourg Saint-Germain fut la Chaussée d'Antin, et tout au plus le faubourg Saint-Honoré; ses grands seigneurs furent les banquiers; mais dans les réunions de la haute finance comme dans les ministères, comme à la cour, il garda partout les opinions de sa classe originelle : il fut avant tout libéral. Voilà encore un mot qu'on raille volontiers aujourd'hui; je n'en sais guère pourtant qui soit digne de plus de sympathie, car il tire son origine de deux des plus beaux mots de la langue française : libéralité et liberté. Les comédies politiques de Scribe, *Bertrand et Raton*, *la Camaraderie*, *la Calomnie*, portent le double caractère de l'esprit bourgeois. L'auteur y est tout à la fois conservateur et frondeur, soutenant le trône et se moquant de la chambre, célébrant le roi et chansonnant les ministres, impitoyable surtout pour ces palinodies que les intéressés veulent nous donner pour des conversions, et qui ne sont que des quarts de conversion. Je me rappelle à ce sujet un trait fort caractéristique : c'était au commencement du second empire, vers 1854. Scribe rencontre dans le monde un assez important personnage, que nous appellerons M. de Verteuil, et qui avait été son camarade de collége : « Eh bien ! que fais-tu ? lui dit son ami; as-tu quelque nouvelle comédie sur le chantier? — Oui, répond Scribe, je tiens, je crois, un charmant sujet : je voudrais mettre en scène un pair de France sous Louis-Philippe devenant sénateur sous Napoléon III. T'imagines-tu quelle source de traits comiques dans les palinodies de ce personnage, dans son embarras pour accorder sa fidélité d'aujourd'hui avec sa fidélité d'autrefois ? Ce sera charmant. » Là-dessus un flot de monde les sépare ; Scribe rentre chez lui, et rentre songeur et soucieux. Pourquoi ? C'est qu'après cette conversation une inquiétude lui était venue. « J'ai bien peur, se dit-il, que mon sujet ne soit pas aussi bon que je me l'imaginais ; mon ami de Verteuil est un homme de beaucoup d'esprit ; je lui ai raconté mon plan avec verve et entrain ; eh bien ; il n'a pas ri ! oh ! il n'y a pas à se le dissimuler, il n'a pas ri du tout. Diable ! diable ! c'est un mauvais signe ! » Tout en parlant ainsi, Scribe ouvre machinalement le journal du soir. Voici ce qu'il y lit : M. de Verteuil, ancien pair de France, est nommé sénateur.

LE PLAN.

Après l'invention du sujet, vient le plan. Racine disait : « Quand mon plan est achevé, ma pièce est faite... » Il comptait ses admirables vers pour rien. Il est vrai que cela tient peut-être à ce qu'il était sûr de les faire. Toujours est-il que le plan est, pour une pièce de théâtre, ce qu'il est pour une maison : la première condition de toute solidité et de toute beauté. En vain couvrirez-vous un bâtiment des plus riches ornements, en vain emploierez-vous à sa construction les plus solides matériaux : s'il n'est pas édifié selon les lois de l'équilibre et selon les règles de l'ordonnance, il ne durera pas et il ne plaira pas. Ainsi des poëmes dramatiques. Le poëme dramatique doit, avant tout, être clair; sans plan, pas de clarté : il doit marcher sans arrêt vers un but précis; sans plan, pas de progression : il doit placer chaque personnage à son rang, chaque fait à son point; sans plan, pas de proportion. Eh bien, personne, même parmi les plus grands maîtres, n'a surpassé et peut-être égalé Scribe dans l'art de faire un plan. Il avait plus que le talent, il avait le génie de l'ordonnance; à peine un sujet de pièce trouvé, tous les matériaux de l'œuvre venaient, comme par enchantement, se ranger sous sa main, dans leur ordre logique. Je me rappelle toujours qu'à une de nos premières conversations sur *Adrienne Lecouvreur*, lorsque les situations de la pièce étaient encore à l'état d'ébauche, je le vis tout à coup se lever, s'asseoir à sa table et écrire. — « Qu'écrivez-vous donc? lui dis-je. — L'ordre des scènes du premier acte. — Mais nous ne sommes pas fixés sur ce que nous mettrons dans ce premier acte. — Laissez! laissez! ne me faites pas perdre le fil!... » et il écrit : Scène 1re. La princesse de Bouillon, l'Abbé. Scène 2e. Les mêmes, la duchesse d'Aumont. Scène 3e. Les mêmes, le prince de Bouillon ! — « Mais mon ami, lui dis-je, en l'interrompant, avant de faire entrer là le prince de Bouillon, il faudrait savoir... — Je sais, me répondit-il, je sais que le prince de Bouillon doit paraître deux fois dans l'acte, et si je ne le place pas à ce moment, je ne saurai plus qu'en faire, » et il continua d'écrire, et quelques jours après, quand tous les incidents et les mouvements de scène de ce premier acte furent arrêtés, les personnages vinrent se placer naturellement à l'endroit qui leur avait été marqué, comme des convives vont prendre à table la place où la maîtresse de la maison a inscrit leur nom. Ce fait m'aida à comprendre un mot que j'entendis plus d'une fois de la bouche de Scribe. — « Savez-vous où je suis, me dit-il, quand j'écris une comédie? au milieu du parterre! » Il voyait la pièce ; elle ne se passait pas seulement dans sa tête, elle se jouait devant ses yeux, il était spectateur en étant auteur.

Le plan ne comprend pas seulement l'ordonnance; il contient aussi l'art, que Dumas père proclamait la première loi du théâtre, l'art des préparations. Il faut avouer, messieurs, que le public.... vous savez qu'on excepte toujours les personnes à qui l'on parle... ainsi le public, ce n'est pas vous ! il faut donc avouer que le public est un être bien bizarre, bien exigeant et bien inconséquent. Il veut qu'au théâtre tout soit à la fois préparé et imprévu. Si quelque chose tombe des nues, comme on dit vulgairement, cela le choque; si un fait est trop annoncé, cela l'ennuie ; nous devons, pour lui plaire, le prendre à la fois pour confident et pour dupe, c'est-à-dire, laisser tomber négligemment dans un coin de la pièce un mot révélateur, mais inaperçu, qui lui entre dans l'oreille sans qu'il y fasse attention, et qui, au moment où éclate le coup de théâtre, lui arrache cette exclamation de plaisir, ce ah !... qui veut dire : « C'est vrai, il nous l'avait annoncé ! Que nous sommes bêtes de ne pas l'avoir deviné ! » Et les voilà enchantés. Scribe excellait dans cet artifice. Je vous engage à lire un chef-d'œuvre de lui, *la Famille Riquebourg*, et je vous recommande un petit verre de liqueur placé à la troisième scène. Il n'a l'air de rien du tout, ce petit verre de liqueur ; il arrive sur son plateau comme un comparse, comme un garde dans une tragédie. Eh bien, toute la pièce est en lui, car sans lui elle n'est pas possible, sans lui elle n'a pas d'issue : le dénoûment est au fond de ce petit verre.

L'adresse et l'habileté ne suffisent pas pour faire un bon plan ; il y faut de l'imagination, car c'est au plan que se rattache la création des divers incidents de l'ouvrage, la disposition des péripéties, la gradation de l'intérêt, la manière de présenter l'idée sous la forme la plus heureuse. Personne n'a eu plus que Scribe le talent de saisir ainsi dans un sujet le côté par où il devait plaire. Un jour, arrive chez lui un de ses confrères, qui venait le consulter sur un drame très-tragique, en cinq actes, et destiné à la Porte-Saint-Martin. Scribe ne refusa jamais à personne, ni ses conseils, ni son aide désintéressée. La lecture commence. Après le premier acte : Eh bien, cher maître, votre avis? dit l'auteur. — « Continuez mon ami, continuez, répond Scribe d'un air préoccupé. Voyons le second acte. » La lecture continue ; plus la pièce avançait, plus elle devenait sombre, et plus elle devenait sombre, plus la physionomie de Scribe devenait gaie. Un peu interdit de ce genre de succès, auquel il ne s'attendait pas, le pauvre auteur balbutie, se trouble, jusqu'au moment où Scribe, éclatant tout à coup, s'écrie : « Ah ! c'est à mourir de rire ! » — « Assez, cher maître, assez! dit l'auteur un peu piqué ; je vois bien que ma pièce est mauvaise ! — Comment? mauvaise ! dites donc excellente, charmante. Il y a là des effets d'un comique irrésistible! Ferville sera aussi amusant qu'Arnal ! » A ce nom d'Arnal, l'auteur tragique bondit indigné. Il s'imagina que Scribe n'avait pas écouté un mot de la pièce. Erreur ! Non-seulement il l'avait écoutée, mais il l'avait refaite : à mesure qu'arrivaient les scènes les plus lugubres, il les transformait soudain en scènes de vaudeville, et, quand la lecture fut finie, le gros mélodrame en cinq actes, bien commun, bien lourd, était devenu une ravissante et pimpante comédie en un acte, *la Chanoinesse.*

Enfin, le point fondamental d'un plan bien fait, c'est le dénoûment. L'art du dénoûment dans la comédie est un art presque nouveau à quelques égards. Le public y est beaucoup plus difficile, et les auteurs y sont beaucoup plus experts. Je n'offenserai pas la mémoire de Molière en disant qu'en général il ne dénoue pas ses pièces, il les finit. Une fois la peinture des caractères achevée, une fois le développement des passions terminé, il fait venir, on ne sait d'où, un père qui retrouve son fils on ne sait comment; tout le monde s'embrasse, et la toile tombe. Cette façon de conclure, vaille que vaille, ne nous réussirait pas aujourd'hui ; il faudrait être Molière pour se la permettre. Aujourd'hui, une des premières lois de l'art dramatique est que le dénoûment soit la conséquence logique, forcée, des caractères ou des événements. La dernière scène d'une pièce est quelquefois celle qu'on écrit la première; tant que la fin n'est pas trouvée, la pièce n'est pas faite, et, une fois que l'auteur tient le dénoûment, il doit ne jamais le perdre de vue et lui tout subordonner. Que le romancier commence sans savoir où il va ; que, comme le lièvre de la fable, il s'arrête, broute, écoute d'où vient le vent, il le peut; mais l'auteur dramatique doit prendre pour modèle la tortue, en tâchant d'aller un peu plus vite qu'elle, c'est-à-dire partir toujours à point, et toujours s'avancer l'œil fixé sur le but.

Scribe est un des auteurs de notre temps qui ont le mieux compris l'importance du dénoûment, et qui en ont le mieux appliqué les sévères lois. Il les pratiquait même à l'égard des ouvrages des autres, et des ouvrages qu'il admirait le plus. Je l'ai entendu une fois, dans l'entraînement d'une conversation sur la comédie, refaire deux dénoûments de Molière, celui des *Femmes savantes* et celui de *Tartuffe*. « Quel malheur, me disait-il avec cette verve naturelle qui était un de ses grands charmes, quel malheur que Molière ait terminé cette belle comédie de caractère, *les Femmes sa-*

vantes, comme une comédie de genre, par le petit artifice d'une nouvelle controuvée, d'une ruine fictive! Il avait un si beau dénoûment dans la main! La conclusion sortait si naturellement des entrailles mêmes du sujet! C'est avec l'admirable scène de Vadius et de Trissotin que j'aurais fini ma pièce! Le tableau de ces deux cuistres, se déchirant l'un l'autre, se démasquant l'un l'autre, et désillusionnant eux-mêmes leurs dupes sur leur compte, eût conclu magistralement une œuvre magistrale. Quant à Tartuffe, ajouta-t-il, c'est différent! En général, on en blâme le dénoûment; moi, je le trouve admirable. D'abord, il a un mérite immense à mes yeux; sans lui, nous n'aurions peut-être pas eu la pièce, et Molière n'en a sans doute obtenu la représentation qu'en faisant du roi un des acteurs de l'ouvrage. Puis, quelle saisissante peinture de l'époque que ce dénoûment! Voilà un homme de bien, un homme de cœur, qui a vaillamment servi son pays, et qui, devenu victime de la plus patente et de la plus odieuse des machinations, ne trouve, ni dans la société, ni dans la justice, une seule arme pour se défendre contre le spoliateur! Pour le sauver, il faut que le souverain intervienne comme le *Deus ex machinâ!* Où trouver une plus terrible condamnation du règne que dans cet éloge immense du roi? Voilà pourquoi, disait Scribe, j'admire tant ce dénoûment, et voilà pourquoi je le changerais si j'avais la pièce à faire aujourd'hui; aujourd'hui, en effet, le seul roi, c'est la loi! La parole souveraine, ce sont les articles du code! C'est donc le code que je chargerais du rôle de Louis XIV, c'est à lui que je demanderais un dénoûment! Je ferais de Cléante un magistrat, et au moment où Tartuffe dit :

> La maison est à moi, je le ferai connaître!

« Non, elle n'est pas à vous, s'écrierait Cléante; car vous n'en êtes le maître que par la générosité d'un bienfaiteur, que par une donation toute volontaire; or la loi a prévu les misérables de votre espèce, et elle a écrit ces deux lignes vengeresses : « Toute donation est révocable pour cause d'ingratitude. » Venez donc réclamer cette maison devant la justice, j'y serai aussi avec les preuves patentes de votre abominable ingratitude! Venez, je vous y attends! » Avouez, messieurs, que, pour partir d'un arrangeur, ce dénoûment n'set pas mal inventé.

LES CARACTÈRES, LE STYLE.

Après le plan, vient l'exécution, c'est-à-dire la peinture des caractères et le style.

Messieurs, je n'ai pas connu d'écrivains plus modestes que Scribe; non qu'il n'eût pas le sentiment de sa valeur : quand le succès vous répète chaque soir, pendant quarante ans, que vous êtes un homme supérieur, il est bien difficile de ne pas le croire. Scribe n'avait donc pas la modestie qui s'ignore, mais il avait celle qui se juge; s'il connaissait l'étendue de son royaume, il en connaissait aussi les limites. Ce serait donc lui faire injure que de le surfaire; d'ailleurs, il est assez grand pour n'avoir pas besoin d'être grandi.

J'avouerai donc sans hésitation que, dans l'œuvre de Scribe, il y a deux parties plus faibles que les autres, et que ces deux parties sont la peinture des caractères et le style. Seulement, hâtons-nous de l'ajouter, nos qualités et nos défauts sont tellement liés ensemble, et la prédominance d'une faculté maîtresse réduit si souvent les autres à l'état de subordonnées, que l'infériorité relative de Scribe, comme écrivain et comme peintre de caractères, tient en partie à sa supériorité comme auteur dramatique.

Je m'explique. Nous l'avons dit, la vie humaine lui apparaissait presque toujours à la lueur de la rampe; il connaissait très-bien les hommes, mais il les voyait à l'état de personnages de théâtre. De là, ce fait singulier, qu'il a créé une foule de jolis rôles, et qu'il a produit très-peu de types généraux et profonds. Ce n'est pas que la vie et la vérité manquent aux êtres qu'il jette sur la scène ; sa finesse d'observation démêle à merveille et met bien en relief leurs travers, leurs prétentions, leurs passions; ils parlent comme ils doivent parler, ils agissent comme ils doivent agir dans la situation donnée, mais ils ne sont que les hommes de cette situation; ils la remplissent, ils ne la dépassent pas. Au contraire, quand vous lisez Shakspeare, vous sentez courir autour de ses personnages un si grand souffle de vie générale, ils portent une empreinte si caractéristique, qu'ils vous apparaissent non-seulement tels qu'ils sont dans les circonstances présentes, mais tels qu'ils seront dans toutes les circonstances possibles. Ce ne sont pas seulement des rôles ; ce sont des hommes, des hommes complets.

Rien de pareil chez Scribe. Il a rarement le sentiment de ces fortes individualités qu'on appelle des caractères, et, sauf dans *Bertrand et Raton, Rantzau et Burgstraf,* sauf une admirable et dernière scène dans *l'Ambitieux,* on peut dire que ses comédies offrent moins la peinture que la mise en scène du cœur humain.

Son style donne lieu à la même remarque. La langue de la comédie doit être à la fois une langue parlée et une langue écrite. Lisez l'*Avare,* le *Festin de Pierre, Georges Dandin!* sans doute, c'est bien toujours don Juan et Harpagon qui parlent, mais vous y sentez toujours aussi Molière qui les fait parler. Scribe ne possède que la moitié de ses dons. Son style a toutes les qualités de la conversation, le mouvement, la vivacité, le naturel, l'esprit ; mais on y regrette trop souvent cette richesse de coloris et cette fermeté de dessin qui constituent seules le grand écrivain. Il a un autre tort. Tout poëte comique, mettant en scène les personnages de son époque, est forcé de leur prêter le langage de son époque ; mais, hélas! il y a bien du jargon, par conséquent bien des éléments éphémères dans ce langage. Chose singulière ! c'est le sentiment le plus éternel qui s'exprime dans la forme la plus transitoire. Ce qui vieillit le plus dans les pièces de théâtre, ce sont les déclarations; et si vous relisez de vieilles lettres d'amour, même celles qui vous ont été adressées...; elles vous feront mourir de rire. Plus elles sont tendres, plus elles sont comiques. C'est vieux comme un vieux journal! Eh bien, l'art des maîtres est de démêler dans l'idiome courant les éléments périssables, de telle sorte qu'ils ne lui empruntent que juste ce qui est nécessaire pour donner à leur dialogue l'accent et la saveur du moment : Molière écrit à la fois dans la langue de son temps et dans la langue de tous les temps. Scribe, en raison même de son instinct scénique, se sert trop du dictionnaire de la Restauration. Enfin l'impétuosité, le despotisme de son tempérament dramatique, lui faisaient tout subordonner à l'action théâtrale, tout, même parfois la grammaire, non par ignorance, personne ne connaissait mieux sa langue que lui; quand il péchait contre elle, c'était sciemment et avec préméditation. J'assistais un jour à une de ses répétitions : arrive une phrase un peu incorrecte, je lui en propose une autre. — « Non! non! mon cher ami, me répond-il vivement, c'est trop long, je n'ai pas le temps; ma phrase n'est peut-être pas très-orthodoxe, mais la situation court; il faut que la phrase fasse comme elle; c'est ce que j'appelle le style économique! » En revanche, ce n'est pas par économie, mais par nécessité, qu'il a écrit certains vers lyriques qu'on lui reproche sans cesse, et dont j'ai à cœur de laver sa mémoire. D'abord, messieurs, partez de ce principe : quand vous voyez un très-mauvais vers dans un opéra, soyez sûrs que c'est le musicien qui l'a fait. Le despotisme des compositeurs dépasse toute imagination, et rien ne peut donner l'idée de ce que devient une strophe élégante entre leurs mains! Ils la brisent, ils la démembrent, ils y ajoutent des hiatus! C'est monstrueux! Le fameux alexandrin des *Huguenots* :

Ses jours sont menacés. Ah ! je dois l'y soustraire !

n'a jamais été de Scribe; il est de Meyerbeer! Scribe avait écrit correctement :

Ce complot odieux
Qui menace ses jours....

Mais ce *qui* gênait Meyerbeer : il l'a coupé, il y a substitué son affreux hémistiche, et le pauvre poëte l'a endossé comme on signe un billet de complaisance, et, quand l'effet a été protesté, c'est lui qui a payé!

LA MISE EN SCÈNE.

J'ai hâte d'arriver à la cinquième étape de notre voyage dramatique, à la mise en scène; car nous y retrouvons Scribe au premier rang.

La mise en scène, surtout dans la comédie, est encore un art tout moderne. Autrefois l'auteur écrivait bien sur son manuscrit : *La scène se passe dans un salon*, mais rien ne s'y passait comme dans un salon. D'abord, on ne s'y asseyait pas. Vous vous rappelez encore les acteurs du Théâtre-Français venant réciter leurs tirades, tout debout, à côté l'un de l'autre, devant le trou du souffleur. Un homme d'esprit, devenu depuis un personnage officiel, voulut inaugurer rue Richelieu ce qu'il appela la comédie assise. Malheureusement, la pièce tomba, et la comédie assise se trouva une comédie par terre. Scribe, un des premiers, jeta sur la scène toute l'animation de la vie réelle. La nature de son talent l'y forçait. Ses comédies vives, alertes, pleines d'incidents et de péripéties soudaines, ne pouvaient s'accommoder de la sobriété de mouvement du théâtre d'autrefois. En réalité, un manuscrit de Scribe ne contient qu'une partie de son ouvrage, la partie qui se parle ; le reste se joue ; les gestes complètent les mots, les silences font partie du dialogue, et les petits points achèvent la phrase. Avez-vous jamais comparé la ponctuation d'une pièce de Scribe avec celle d'une pièce de Molière ? Dans Molière, toute pensée se termine par un point, et il entremêle dans son dialogue, selon les mouvements de la phrase, les points et virgules, les deux-points, les points d'interrogation, et, de temps en temps, les points d'exclamation. Scribe y a ajouté les petits points, c'est-à-dire la phrase inachevée, le sentiment sous-entendu, la pensée qui ne se produit qu'à demi. Je pourrais citer dans la *Camaraderie* un monologue d'une page où j'ai compté quatre-vingt-trois petits points ! Il est vrai que ce monologue, plein de réticences, est dans la bouche d'une jeune fille, et certaines gens prétendent que les jeunes filles ne disent jamais que la moitié de ce qu'elles pensent.

Toujours est-il qu'il y a toute une école dramatique dans le système des petits points, et Scribe avait raison de dire que la mise en scène était une seconde création, et comme une nouvelle pièce ajoutée à la première.

En effet, on ne connaissait Scribe qu'à moitié, tant qu'on ne l'avait pas vu tirer un ouvrage dramatique des limbes du manuscrit, le faire monter sur la scène et y monter avec lui. J'ai assisté un jour, à l'Opéra, à une répétition du *Prophète*. J'arrivai au moment où le poëte mettait en scène la grande révolte du troisième acte. Figurez-vous un général sur un champ de bataille. Il était partout à la fois, il jouait tous les rôles : tantôt peuple, tantôt prophète, tantôt femme ; marchant à la tête des conjurés d'un air farouche, avec ses lunettes relevées sur son front ; puis, tout à coup, se jetant de l'autre côté et figurant la jeune première..., toujours avec ses lunettes sur son front, assignant à chacun sa place, marquant sur les planches avec de la craie l'endroit précis ou tel acteur devait s'arrêter, et mêlant si habilement les diverses évolutions de ses personnages, que les mouvements les plus vifs étaient toujours de l'ordre, et que l'ordre était toujours de la grâce.

Le troisième acte fini, nous courons ensemble

au Théâtre-Français, où l'on nous attendait pour une répétition. Il s'agissait de mettre en scène un second acte, un acte tout intime et ne comptant que quatre personnages. Soudain, voilà un autre homme qui m'apparaît en Scribe. Autant à l'Opéra je l'avais vu puissant à manier les masses et à traduire par la figuration les plus violentes passions populaires, autant je le vois, à la Comédie française, plein de finesse et de nuances dans l'interprétation des sentiments délicats. Avant son arrivée, la scène semblait aux artistes eux-mêmes un peu languissante, un peu froide. Il vient, et, en quelques instants, sans ajouter un mot, il parsème le dialogue de gestes si vrais, de poses si expressives, de temps d'arrêt si ingénieux, il se sert si adroitement des meubles et des chaises comme d'autant d'accidents de terrain, que la situation s'accentue, que l'intérêt se dessine, que les personnages prennent du relief, et que l'acte devient rapide, animé, vivant; on eût dit un coup de baguette de magicien.

Ce n'est pas tout : la mise en scène était pour lui une sorte de révélation; à la lueur de ce sombre petit quinquet des répétitions que nous connaissons tous, il apercevait dans son œuvre ce qu'il n'y avait pas soupçonné auparavant. Il m'a souvent raconté ce qui lui arriva pour un drame fort intéressant, nommé *Philippe*, qu'il avait composé avec Bayard, et qui roulait sur le mystère d'une naissance illégitime. La pièce s'ouvrait par la révélation de ce mystère; Scribe, qui n'avait pas pu assister aux trois premières répétitions, arrive à la quatrième, au moment même où l'acteur révélait ce secret au public. — « C'est trop tôt, s'écria-t-il, il faut reporter cette révélation à la seconde scène! » On la reporte le lendemain à la seconde scène. — « C'est trop tôt, s'écria-t-il, il faut la reporter à la troisième. » On la reporta à la troisième; mais c'était encore trop tôt, et de report en report, on la recula si bien, qu'elle fut reléguée à la fin de la pièce, et que l'exposition devint le dénoûment.

Je pourrais multiplier les exemples, vous montrer Scribe trouvant sur le théâtre même de véritables inspirations de champ de bataille, improvisant de ces mots qui relèvent toute une situation, ou de ces coupures radicales qui la sauvent, car notre outil d'auteurs dramatiques est un instrument à deux parties, moitié plume et moitié ciseaux; mais je tiens surtout à vous parler un moment de lui comme professeur de déclamation. Que d'artistes dont il a fait deux fois la réputation, d'abord en leur donnant de beaux rôles, et ensuite en leur enseignant à les bien jouer! Peut-être avait-il parfois le tort de ne pas leur laisser assez le temps de se chercher et de se trouver eux-mêmes; peut-être s'imposait-il trop, se substituait-il trop à ses interprètes; mais, sauf cette réserve, quel art de diction! Quelle science de l'effet! Quelle habileté à tirer souvent parti, même des défauts d'un acteur! Il prétendait parfois en riant qu'il était plus sûr de travailler pour leurs défauts que pour leurs qualités, parce que les qualités sont sujettes à des intermittences, à des défaillances, tandis que les défauts, c'est solide, et cela augmente même, avec le temps! Il ne s'interdisait pourtant pas de les corriger, et citait volontiers à ses jeunes interprètes une anecdote charmante de Mlle Mars, que je lui ai déjà entendu raconter à elle-même. La célèbre Mlle Contat aimait beaucoup Mlle Mars, quoiqu'elle devinât en elle son héritière présomptive. — « Ma chère enfant, lui disait-elle souvent, vous faites trop de gestes. Votre bras gauche surtout a une tendance à se lever à tout propos, dont il faut que je vous corrige. Vous jouez ce soir Eugénie, je vous attacherai un fil noir et, par conséquent, invisible à la main coupable ; je tiendrai le fil dans la coulisse, et quand vous gesticulerez trop, je tirerai. » Ainsi fut fait. Au quatrième acte, Mlle Mars, emportée par la situation, va pour lever le bras gauche, crac ! Le fil ! La scène s'échauffe, la jeune actrice aussi ; le bras gauche fait un mouvement... Le fil ! La scène monte toujours ; Mlle Mars, de plus en plus animée, veut remuer le bras ; le fil ne veut pas ! Mlle Mars persiste, le fil aussi ! la lutte s'engage, jusqu'à ce qu'enfin la jeune actrice, faisant un effort plus violent, casse le fil, et voilà le bras gauche en pleine insurrection ! Qui fut honteuse et confuse après l'acte terminé ? Qui rentra dans la coulisse, la tête basse, osant à peine regarder sa maîtresse, et balbutiant quelques vaines excuses ? Mais Mlle Contat, lui relevant le menton : « Ma petite fille, lui dit-elle, voilà une leçon qui vaut toutes les miennes ; apprenez par là qu'il ne faut jamais faire de gestes que quand on casserait la ficelle !... »

J'arrive, messieurs, à cette sixième partie de l'art dramatique que je ne vous ai pas encore nommée, mais qui se rattache trop étroitement à la gloire de Scribe pour que nous ne nous en occupions pas un moment, à la collaboration.

On a dit beaucoup de mal de la collaboration, on l'a appelée une industrie, un métier mercantile, voire même une plaie ; ce sont là de bien gros mots, voyons ce qu'ils ont de juste.

Qu'il y ait plus de mérite à créer une œuvre d'art à soit tout seul qu'à deux, c'est incontestable.

Que les chefs-d'œuvre partent en général d'une seule main, c'est encore vrai, mais d'une vérité moins absolue. En effet, qu'est-ce que la collaboration? L'association de deux intelligences pour la création d'une œuvre d'art. Or, si cette définition est juste, et il me paraît difficile de le contester, voilà toute une partie des plus beaux ouvrages dramatiques du dix-septième siècle qui est due à la collaboration. En effet, sans parler des *Plaideurs* qui ont été conçus, composés et exécutés par Racine, Boileau et Chapelle, sans parler de *Psyché*, où le génie de Corneille, en s'associant au génie de Molière, s'est révélé sous une face toute nouvelle, qu'est-ce que le *Cid* et le *Menteur*, sinon l'œuvre commune de Corneille et de Guillen de Castro? Qu'est-ce que *Phèdre* et *Iphigénie en Aulide*, sinon l'œuvre de Racine et d'Euripide? Qu'est-ce que l'*Avare*, *Amphitryon*, les *Fourberies de Scapin*, sinon l'œuvre de Molière et de Plaute? J'entends d'ici l'objection ! C'est bien différent, s'écrie-t-on, ils n'ont pas collaboré. Pourquoi? Parce qu'ils ne vivaient pas dans le même temps et le même pays?

Parce qu'ils ont travaillé avec les ouvrages au lieu de travailler avec les auteurs? Parce qu'ils leur ont emprunté leurs idées sans leur en demander la permission? Qu'importe? les anciens ont-ils fourni à nos compatriotes, non-seulement une donnée générale, mais un plan, des caractères, des situations, des scènes entières? Oui? eh bien, trouvez-moi donc une collaboration plus complète! En vérité, j'ai beau chercher, je ne trouve entre les pièces de cette sorte, et celles qui sont signées de deux noms, qu'une seule différence, c'est que dans les unes on partage les droits d'auteurs, et que, dans les autres, on les touche seul.

Quelques critiques font une singulière objection aux ouvrages faits en collaboration. « Quand on y rencontre, disent-ils, un mot spirituel, on ne sait auquel des deux auteurs l'attribuer. » Eh bien, attribuez-le à tous deux, et vous serez presque toujours dans le vrai. Vous vous rappelez la phrase célèbre, mise dans la bouche du comte d'Artois : « Il n'y a qu'un Français de plus. » Eh bien, ils se sont mis trois pour la faire, et ils ont mis trois jours.

J'entends dire encore : On ne peut voir un bon ouvrage, signé de deux auteurs, sans s'écrier : « Quel malheur qu'il ne soit pas d'un seul ! » Je suis bien plus tenté de me dire, en voyant un joli sujet manqué par un seul auteur : « Quel malheur qu'il ne soit pas de deux ! » C'est qu'en effet il y a de par le monde une foule d'esprits charmants, mais incomplets, ou trop ardents, ou trop calmes, ou trop mûrs, ou trop verts, qui, laissés à eux seuls, ne peuvent produire que des œuvres imparfaites, et qui, associés à une autre imagination, deviennent féconds, créateurs, originaux même ! Il leur faut la collaboration pour être tout eux-mêmes. Notre littérature dramatique compte cent chefs-d'œuvre qui n'existeraient pas sans la collaboration ; il me suffit de citer *le Gendre de M. Poirier*, *les Faux Bonshommes* et *le Voyage de M. Perrichon*. Certes, loin de moi la pensée de vouloir découronner de leur auréole immortelle ces puissants génies qui ne relèvent que d'eux seuls ; j'avouerai même que je me sens une estime particulière pour ces esprits un peu farouches qui ne peuvent se plier aux concessions indispensables dans toute création commune; mais, ces glorieuses exceptions une fois établies, gardons le second rang, une place honorée pour cette forme de travail qui, en Angleterre, a produit toute une série de drames puissants avec Beaumont et Flechter ; qui a rendu tous les théâtres de l'Europe tributaires de notre théâtre, qui représente au vif un des traits les plus frappants de notre caractère national, la sociabilité, et qui, enfin, après tout, est d'institution divine, car c'est à la collaboration que Dieu a confié la garde de son plus précieux ouvrage, puisqu'il a voulu que l'homme ait un père et une mère.

Messieurs, je devais bien cette apologie de la collaboration à celui qui a été le roi des collaborateurs ; mais, ce que vous ignorez peut-être, c'est qu'il a été le collaborateur d'un roi.

Voici comment. Scribe avait composé, vers 1850,

un opéra sur la tempête de Shakespeare. Les Anglais désirèrent qu'il fût joué chez eux, et Scribe alla à Londres pour le mettre en scène. Dès le lendemain de son arrivée, sa première visite fut pour le roi Louis-Philippe. Scribe n'avait jamais été républicain, c'était un de nos rares points de dissentiment, et il avait trouvé trop bon accueil aux Tuileries pour ne pas faire un pèlerinage à Claremont. Louis-Philippe, au dire de ceux qui l'ont connu, était un des plus aimables causeurs de son temps. Il amena gracieusement l'entretien sur la *Tempête*, et, tout à coup, d'un ton moitié railleur, moitié sérieux : « Savez-vous, monsieur Scribe, que j'ai l'honneur d'être votre confrère ? — Vous, Sire ? — Oui, vraiment. Vous venez à Londres pour un opéra ; eh bien, moi aussi j'ai fait un opéra dans ma jeunesse, et je vous jure qu'il n'était pas mal. — Je le crois, Sire ; vous avez fait des choses plus difficiles. — Plus difficiles pour vous, peut-être, mais pour moi, non ! J'avais pris pour sujet les Cavaliers et les Têtes rondes. — Beau sujet, répondit l'auteur des *Huguenots*. — Eh bien, voulez-vous que je vous le raconte ? Le hasard m'a fait retrouver, ces jours-ci, mon manuscrit. Je serais curieux d'avoir votre sentiment. — Je suis à vos ordres, Sire. » Et voilà Louis-Philippe qui, avec sa verve de conteur, entame la narration de son premier acte. Scribe l'écoute d'abord respectueusement, silencieusement, comme il aurait écouté un discours du trône ; mais, peu à peu, à mesure que la pièce avance, son naturel d'auteur dramatique reprenant le dessus, il oublie absolument le souverain, il ne voit plus qu'un plan d'opéra, et, arrêtant le narrateur à un passage défectueux : — Oh ! cela, c'est impossible ! — Comment ! impossible ! reprit le roi, un peu piqué. Pourquoi ? — Parce que c'est invraisemblable d'abord, et, ce qui est pis, sans intérêt ! — Sans intérêt! sans intérêt!... mon cher monsieur Scribe. Permettez !...» Mais c'était fini ! Scribe était lancé, les rôles étaient intervertis, c'était l'auteur qui était le souverain ! — « Savez-vous ce qu'il faudrait là, sire ? Il faudrait une scène d'amour ! La politique, dans un conseil des ministres, c'est très bien ! mais, dans un opéra, il faut de l'amour ! — Eh bien ! mettons de l'amour ! » dit Louis-Philippe, en riant. Et les voilà tous deux, cherchant, travaillant, jusqu'à ce que l'heure rappelle à Scribe qu'on l'attendait à Londres. — Déjà ! lui dit le roi. Oh ! mais, un instant, je ne vous laisse pas partir, si vous ne me promettez pas de revenir demain déjeuner avec moi !... Notre opéra n'est pas fini ! A demain !... — A demain ! sire. » Il revint en effet le lendemain ; mais en arrivant, qui trouva-t-il à la porte du cabinet du roi? La reine, qui l'attendait, et qui, lui prenant les mains avec émotion : « Oh! soyez béni, monsieur Scribe! lui dit-elle. Pour la première fois, depuis notre exil, le roi a dîné de bon appétit !... Pendant toute la soirée il a été gai, causeur, et ce matin, en entrant dans sa chambre, je l'ai trouvé assis dans son lit, se grattant le front comme son aïeul Henri IV, quand il était dans l'embarras, et disant tout bas : « Ce diable de Scribe ! il croit que c'est facile ! » Et il souriait, monsieur, il souriait... Revenez !... Revenez souvent!... Revenez tous les jours, tant que vous serez ici... Me le promettez-vous ? » Il le promit, et il tint parole, et, pendant toute une semaine, il alla chaque matin verser un peu de joie dans ce cœur navré, un peu de lumière dans ce sombre séjour, et, quand il revint en France, il rapporta les plus beaux droits d'auteur qu'il eût jamais touchés, la reconnaissance d'un exilé, l'affection d'un roi déchu et les bénédictions d'une sainte !

Je m'arrête, messieurs, car il est là tout entier ce charmant homme de cœur, qui n'a jamais fait de mal à personne, qui a fait du bien à beaucoup de gens et qui a fait plaisir à tout le monde. La mode, aujourd'hui, parmi quelques littérateurs, est de rabaisser Scribe et de le déclarer non-seulement vieilli, mais mort. Je leur donne rendez-vous, dans un mois ou deux, au Théâtre-Français, le jour où l'on reprendra, avec l'éclat qu'elles méritent, quelqu'une des grandes œuvres de Scribe. Ce jour-là, les applaudissements du public apprendront aux plus dédaigneux, qu'en dépit de quelques défaillances de forme, l'auteur de la *Camaraderie,* d'*une Chaîne,* de *Bertrand et Raton* et de la *Calomnie,* reste encore un des maîtres de la comédie contemporaine, comme il restera toujours une des physionomies les plus originales de notre littérature. La France compte certainement des génies plus élevés, des gloires littéraires plus éclatantes ; mais nulle part, pas plus en France qu'à l'étranger, pas plus autrefois qu'aujourd'hui, vous ne retrouverez l'analogue, l'équivalent de cette organisation phénoménale, de cette prodigieuse puissance dramatique qui s'appelait Eugène Scribe. Le prodige n'est pas qu'il ait abordé successivement tous les genres, c'est qu'il les ait menés tous de front pendant vingt ans; c'est que pendant vingt ans il ait écrit de la même main, et presque le même jour, un vaudeville et une grande comédie, un couplet et un poëme, un libretto et un ballet; c'est qu'enfin, devenu grand poète tragique et lyrique sans devenir grand versificateur, et sans cesser d'être chansonnier, il ait pendant vingt ans parcouru dans tous les sens le domaine dramatique, à la façon des pionniers, cherchant toujours quelque coin de terre inconnue où planter son drapeau, et enrichissant par ses conquêtes, même les deux arts limitrophes du sien, la musique et la danse.

Dans la comédie pure, son originalité n'est pas moindre.

Il ne demande pas le succès au scandale, il ne spécule pas sur le tapage, il ne vise pas à l'excentricité, il ne flatte pas les mauvaises passions; ses pièces reposent sur les sentiments les plus simples et les plus sains de l'âme humaine, et il résout le problème d'être aussi piquant que les écrivains les plus immoraux, et aussi moral que les plus ennuyeux.

Une vie si pleine eut un couronnement digne d'elle.

Scribe avait fait graver sur son cachet une plume avec ces deux mots : *Indè fortuna et libertas :* De là, l'indépendance et la fortune. Eh bien, sa devise à peine réalisée pour lui-même, savez-vous à quoi il pensa? à la réaliser pour les autres! Dès qu'il n'eut plus besoin d'être protégé, il eut besoin d'être protecteur, et, avec son singulier mélange d'imagination et d'esprit pratique, il conçut et organisa l'Association des auteurs dramatiques, c'est-à-dire une association fondée par les forts au profit des faibles; grâce à lui, les jeunes gens furent arrachés à l'exploitation des entrepreneurs de théâtres; grâce à lui, le talent devint un capital, l'imagination une propriété! grâce à lui, enfin, les débutants purent, comme les maîtres de l'art, prendre pour devise : *Indè fortuna et libertas.*

Messieurs, quand on fait de telles œuvres et une telle œuvre, on peut mourir..., on ne meurt pas!

NOTES.

Les limites de cette conférence m'ont forcé de laisser de côté deux ou trois faits caractéristiques, qui compléteront cette étude.

Scribe avait pris pour sujet d'une comédie en un acte la jalousie d'un père qui ne peut se résoudre à marier sa fille, parce qu'il ne peut se résoudre à la perdre ou à la partager. La pièce faite, il va la lire à son confident ordinaire, Germain Delavigne. — « Ta pièce est bien dangereuse, lui dit Germain ; ce père est odieux, ce n'est qu'un égoïste, il n'aime pas sa fille. » Quelques jours après, Scribe rapporte à son ami sa pièce refaite. — « Oh! diable! Elle est bien plus dangereuse encore. Le père l'aime trop! » Scribe comprit, et, recommençant sa comédie une troisième fois, arriva à ce délicieux mélange de sensibilité, de grâce et d'égoïsme tendre qui fait un chef-d'œuvre de *Geneviève*.

Un homme très-compétent m'a signalé une particularité curieuse sur le talent de Scribe comme metteur en scène. Son imagination théâtrale le transportait dans tous les pays et dans toutes les demeures du monde. Ses idées le faisaient voyager tour à tour dans l'Inde, en Russie, en Allemagne, dans le moyen âge, dans les palais, dans les églises, dans les cabanes, chez les alchimistes, chez les nababs, partout; mais, une fois sa pièce transportée dans tous ces endroits divers, il en écrivait les noms, il les désignait géographiquement, il ne les voyait pas.

Plus poëte que peintre, il avait toutes les imaginations sauf celle des lieux, et, tout préoccupé de la force et de la vérité des situations dramatiques, il s'en remettait volontiers aux directeurs habiles qui se trouvaient associés à ses travaux, du soin d'habiller ses personnages, de faire les paysages des pays où se passait sa pièce; puis, toute cette machination, toute cette décoration une fois en place, il s'en émerveillait le premier, avec cette naïveté d'enfant qui était un de ses grands charmes.

Voici une preuve bien frappante de la puissance inventive de Scribe :

On montait à l'Opéra le ballet de *la Révolte au sérail;* on comptait sur un grand succès. Mlle Taglioni remplissait le principal rôle. L'avant-veille de la première représentation, la pièce étant déjà affichée et annoncée pour le lendemain, avec le mot sacramentel : *Irrévocablement!* le directeur entre chez Scribe à neuf heures du matin. — « Je suis désespéré, lui dit-il, je suis perdu, et il n'y a que vous qui puissiez me sauver. — Comment! — Mon ballet est impossible! — Pourquoi? — Tout le succès repose sur la situation du second acte, et voici cette situation : Mlle Taglioni, enfermée, assiégée dans le palais par les révoltés, enrégimente toutes les femmes du harem, les arme, les exerce au maniement du fusil et du sabre, en fait des soldats dont elle se fait le général, et repousse l'assaut. — Hé bien, l'idée est fort originale, répond Scribe. — Oui ! mais nous nous sommes aperçus hier, à la répétition générale, qu'elle est absurde. — Pourquoi? — Parce qu'au premier acte, Mlle Taglioni a reçu de la main d'un magicien, un talisman. Elle n'a donc pas besoin d'autre arme que de ce talisman. Qu'elle le montre, et tous ses ennemis s'enfuient! — C'est juste, et c'est grave, répond Scribe. — Aussi je compte sur vous. — Hé bien, j'irai voir votre répétition aujourd'hui, et je chercherai après. — Du tout! du tout! ce n'est pas après, c'est tout de suite. Il est inutile que vous veniez à la répétition ; il n'y aura plus de répétition générale ; il faut que, sans rien changer à la pièce (je n'ai pas le temps d'y faire de changements), sans la reculer d'un jour (chaque jour de retard me coûte dix mille francs), il faut que vous me trouviez aujourd'hui même, d'ici à ce soir, un moyen qui me permette de jouer après-demain. — Hé bien, laissez-moi, reprit Scribe, je chercherai. »

Le directeur sort, descend vingt marches de l'étage de Scribe, et arrivé en bas, au moment où il disait : *Cordon, s'il vous plaît!* il entend une voix qui lui crie: « Véron, remontez! j'ai votre affaire! » M. Véron remonta plus vite qu'il n'était descendu. — « Vous avez mon affaire? — Oui! Quel était le talisman de Mlle Taglioni? — Une bague. — Vous en ferez une rose. Quel était son amoureux? — Un petit esclave du sérail. — Vous en ferez un petit berger. En quoi consiste le divertissement du premier acte? — En une danse devant le sultan dans les jardins du palais. — Parfait! après la danse, vous ferez asseoir Mlle Taglioni sur un tertre de gazon, elle s'y endormira; le petit berger s'avancera tout doucement près d'elle, lui enlèvera sa rose; et quand, au second acte, elle voudra tirer son talisman de son sein, elle ne l'aura plus. Ce n'est pas plus difficile que cela.

— J'étais bien sûr que vous me sauveriez!... « s'écria M. Véron. Et il s'élance sur l'escalier qu'il redescend encore plus vite qu'il ne l'avait remonté. Un quart d'heure après, Scribe recevait une lettre chargée avec ces mots : « Ce n'est pas un paiement, ce n'est qu'une marque de reconnaissance! » Voilà la seule fois, disait-il en riant, où j'aie gagné deux mille francs en deux minutes!

Paris. — Typogr. G. Chamerot, rue des Saints-Pères, 19.

LIBRAIRIE ACADÉMIQUE

DIDIER ET CIE

PARIS

35, QUAI DES AUGUSTINS, 35

1874

EN VENTE

LE PORTRAIT DE LA COMTESSE ALBERT DE LA FERRONNAYS

Belle gravure de FLAMENG, d'après le dessin original de Mme la marquise de Caraman
Pour les souscripteurs au *Récit d'une sœur* (édition in-8), 75 centimes
Sur grand papier, 1 fr. 25.—Épreuves d'artiste sur chine, 4 fr., et avant la lettre, 5 fr.

LE PORTRAIT DE MADAME SWETCHINE

Gravé sur acier, 75 centimes. — Sur grand papier, 1 fr. 25.

ROSA FERRUCCI, SA VIE ET SES LETTRES

Publiées par Sa Mère, traduit par l'abbé LEMONNIER.

1 volume in-8 elzévir vergé. 5 fr. — Tiré à 100 exemplaires.

LES SOIRÉES DE LA VILLA DES JASMINS

PAR

Madame la marquise DE BLOCQUEVILLE

2 vol. in-8. . 15 fr.

OUVRAGES SOUS PRESSE

FR. ROCQUAIN. . . . . . **État de la France au 18 Brumaire**. 1 vol.
DANTIER . . . . **L'Italie**. Études historiques. 2 vol. in-8.
PIERRE CLÉMENT. . . . **Histoire de Colbert**. 2 vol. in-8.
ERN. VINET, ... **L'Art et l'Archéologie**. 1 vol. in-8.
LECOY DE LA MARCHE. **L'Académie de France à Rome**. 1 vol.
ERN. NAVILLE . . . . . . **Maine de Biran**. Pensées. 1 vol.
ED. AUGER . . . . **Histoires américaines**. 1 vol.
ZELLER. . . . . **L'Empire germanique au moyen âge**. 1 vol.
ALFRED MAURY. . . . . **Le Socialisme au XVIe siècle**. 1 vol.
KÉRILLER. . . . . **Le chancelier Séguier et son groupe**. 1 vol.
Mlle DESERCES. . . . . . . **Lettres d'une jeune Irlandaise**. 1 vol.
Le président GRASSET. . . **Madame de Choiseul et son temps**. 1 vol.
G. DESNOIRESTERRES . **Voltaire et les Calas**. 1 vol. in-8.
Mme THURET . . . . **Mlle de Sassenay**. 2e édit.
CH. DE RÉMUSAT. . . . **Histoire de la philosophie anglaise** 1 vol.
Bon DE WOGAN . . . . . . **Le pirate Malais**. 1 vol.
AMÉDÉE THIERRY. . . **Nestorius**. 1 vol.
V. DE LAPRADE. . . . . . **Le livre d'un père**. 1 vol.

LIBRAIRIE ACADÉMIQUE DIDIER ET CIE.

35, Quai des Augustins — PARIS

NOUVELLES PUBLICATIONS

ŒUVRES DE BERRYER

DISCOURS PARLEMENTAIRES — PLAIDOYERS

La 1re série : DISCOURS PARLEMENTAIRES, est en cours de publication

5 vol. in-8. . . . . 35 fr.

Les tomes I à IV sont en vente. — Le tome V paraîtra prochainement.

Les volumes ne se vendent pas séparément.

HISTOIRE D'ALLEMAGNE

Par J. ZELLER

Maître de conférences à l'École normale supérieure, etc.

1er VOLUME :

ORIGINES DE L'ALLEMAGNE ET DE L'EMPIRE GERMANIQUE

PRÉCÉDÉES D'UNE INTRODUCTION GÉNÉRALE

1 vol. in-8, orné de 2 cartes géographiques. . 7 fr. 50

2e VOLUME :

FONDATION DE L'EMPIRE GERMANIQUE

CHARLEMAGNE — OTTON-LE-GRAND

1 vol in-8, orné de 2 cartes . . . 7 fr. 50

COMPLÉMENT DES ŒUVRES DE VILLEMAIN

HISTOIRE DE GRÉGOIRE VII

PRÉCÉDÉE D'UN DISCOURS SUR L'HISTOIRE DE LA PAPAUTÉ JUSQU'AU XIe SIÈCLE

PAR M. VILLEMAIN

2 vol. in-8. Prix. . . . . 15 fr.

ROME SOUTERRAINE

RÉSUMÉ DES DÉCOUVERTES DE M. DE ROSSI

DANS LES CATACOMBES ROMAINES

PAR J. SPENCER NORTHCOTE & W.-R. BROWNLOW

TRADUIT DE L'ANGLAIS, AVEC DES ADDITIONS ET DES NOTES

PAR M. PAUL ALLARD

ET PRÉCÉDÉ D'UNE PRÉFACE PAR M. DE ROSSI

Deuxième édition, revue et augmentée par le traducteur

1 beau vol. grand in-8, raisin, illustré de 70 vignettes, de 20 chromolithographies et plans

Prix : Broché, 30 fr.; en belle demi-reliure, 35 fr.

VOYAGE EN TERRE SAINTE

PAR M. F. DE SAULCY

2 beaux vol. grand in-8, ornés de 15 cartes et plans et de nombreuses vignettes dans le texte.

Deuxième édition. — 20 fr.; relié, 27 fr.

ROME ET LES BARBARES

ÉTUDES SUR LA GERMANIE DE TACITE

PAR A. GEFFROY

PROFESSEUR A LA FACULTÉ DES LETTRES DE PARIS

1 vol. in-8. . . . 7 fr. 50

HISTOIRE D'ALCIBIADE

ET DE LA RÉPUBLIQUE ATHÉNIENNE

Depuis la mort de Périclès jusqu'à l'avénement des trente Tyrans

PAR

HENRY HOUSSAYE

2e édition. 2 vol. in-8, ornés d'un beau portrait. 14 fr.

L'ITALIE

ÉTUDES HISTORIQUES

476-1797

PAR ALP. DANTIER

2 vol. in-8. . . . . 15 fr.

HISTOIRE — LITTÉRATURE — PHILOSOPHIE

ÉDITIONS IN-8

AMPÈRE (J.-J.)

Histoire littéraire de la France avant et sous Charlemagne. Nouv. édit. 3 vol. in-8. . . . . 22 fr. 50

Formation de la langue française. Complément de l'*Histoire littéraire*. Nouvelle édition, revue et corrigée. 1 vol. in-8. . . . . 7 fr. 50

La Philosophie des deux Ampère, publiée par M. J. Barthélemy Saint-Hilaire. 1 vol. in-8. . . . . 7 fr. 50

La Grèce, Rome et Dante. 3e édition. 1 vol. in-8. . . . . 7 fr. 50

La Science et les Lettres en Orient. 1 vol. in-8. . . . . 7 fr. 50

D'ASSAILLY

Albert le Grand. L'ancien monde devant le nouveau. 1re partie. 1 vol. in-8 7 fr 50

Les Chevaliers poëtes de l'Allemagne. — *Minnesinger.* 1 vol. in-8. . 5 fr.

AUBERTIN (CH.).

Senèque et saint Paul. Étude sur les rapports supposés entre le philosophe et l'apôtre. (*Ouvrage couronné par l'Académie française.*) 1 vol. in-8. 7 fr.

D'AZEGLIO

L'Italie de 1847 à 1865. Correspondance politique publiée par M. Eug. Rendu. 1 vol. in-8 . . . . 7 fr.

BADER (CLARISSE)

La Femme dans l'Inde antique. (*Ouvrage couronné par l'Académie française.*) 1 vol. in-8. . . . . 6 fr.

BARANTE

Vie de Mathieu Molé. — *Le Parlement et la Fronde.* 1 vol. in-8. . . . . 6 fr.

Histoire du Directoire de la République française, *complément de l'Histoire de la Convention.* 3 forts volumes grand in-8 cavalier. . . . . 18 fr.

Études historiques et biographiques. 2 vol. in-8. . . . . 14 fr.

Études littéraires et historiques. 2 vol. in-8. . . . . 14 fr.

Pensées et réflexions morales et politiques du comte de Ficquelmont, précédées d'une notice par M. de Barante. 1 vol. in-8. . . . . 6 fr.

Œuvres dramatiques de Schiller, trad. de M. de Barante. Nouvelle édition revue. 3 vol. in-8. . . . . 18 fr.

BARET (E.)

Les Troubadours et leur influence sur les littératures du Midi de l'Europe. 1 vol. in-8. . . . . 6 fr.

BARTHÉLEMY (ED. DE)

Mesdames de France, filles de Louis XV. 1 vol. in-8. . . . . 7 fr. 50

La Galerie des Portraits de mademoiselle de Montpensier : Éloges des seigneurs et dames, etc. Nouv. édit. avec notes. 1 vol. in-8. . . . . . . 6 fr.

BASTARD D'ESTANG

Les Parlements de France. Essai historique sur leurs usages, leur organisation et leur autorité. 2 forts volumes in-8. . . . . 15 fr.

BAUDRILLART

Publicistes modernes. 1 fort vol. in-8. . . . . 7 fr.

Jean Bodin et son temps. Tableau des théories politiques et des idées économiques au XVIe siècle. 1 vol. in-8 . . . . 7 fr.

BERRYER

Œuvres. 1re série. *Discours parlementaires.* 5 vol. in-8 . . . . 35 fr.

BERSOT (ERN.).

Morale et politique. 1 vol. in-8. 6 fr.
Essais de philosophie et de morale. 2 vol. in-8. . . . . 12 fr.

BERTAULD

Philosophie politique de l'histoire de France. 1 vol. in-8. . . . . . 6 fr.
La Liberté civile. Nouv. études sur les publicistes contemporains. 1 v. in-8. 7 fr.

BERTRAND (ALEX.) ET GÉNÉRAL CREULY

Guerre des Gaules. Commentaires de J. César. Trad. nouv. avec texte. 2 vol. in-8. Le 1er est en vente. Prix du vol. . . . . 7 fr.

BIMBENET (EUG.)

Fuite de Louis XVI à Varennes, d'après les documents judiciaires et administratifs, etc. 1 vol. in-8 avec des fac-simile. . . . . 7 fr. 50

J. F. BOISSONADE

Critique littéraire sous le Ier empire, avec une notice par M. Naudet, de l'Institut, et une étude de M. F. Colincamp, etc. 2 forts vol. in-8 avec portrait. 15 fr.

BONNEAU AVENANT

Madame de Miramion. Sa vie et ses œuvres charitables. *(Ouvrage couronné par l'Académie française).* 1 vol. in-8 orné d'un joli portrait. . . . 7 fr. 50

BONNECHOSE (ÉMILE DE)

Histoire d'Angleterre, depuis les temps les plus reculés jusqu'à l'époque de la Révolution française, avec un résumé chronologique des événements jusqu'à nos jours. *(Ouvrage couronné par l'Académie française.)* 2e édit. 4 vol in-8. . 28 fr.

BROGLIE (DUC DE)

Écrits et Discours. Philosophie, littérature, politique. 3 vol in-8. . . . 18 fr.

BROGLIE (A. DE)

Nouvelles études de littérature et de morale. 1 vol. in-8. . . . . . 7 fr.
L'Église et l'Empire romain au IVe siècle. — 3 parties en 6 vol. in-8. 42 fr.

BUNSEN (C.-C. J. DE)

Dieu dans l'histoire, traduction de M. Dietz, avec une étude biographique par M. Henri Martin. 1 fort vol. in-8 . . . . 7 fr. 50

CALDERON DE LA BARCA

Œuvres dramatiques, traduction de M. Ant. de Latour, avec une étude, des notices et des notes. 2 vol. in-8. 12 fr.

CARNÉ (L. DE)

Souvenirs de ma jeunesse au temps de la Restauration. 1 vol. in-8. 6 fr.
Les États de Bretagne. 2 vol. in-8. . . . . 12 fr.
Les Fondateurs de l'Unité française. Suger, saint Louis, Du Guesclin, Jeanne d'Arc, Louis XI, Henri IV, Richelieu, Mazarin. 2 vol. in-8. . . . . . 12 fr.
La Monarchie française au XVIIIe siècle. Études historiques sur les règnes de Louis XIV et de Louis XV. Nouv. édit. 1 vol. in-8. . . . . 6 fr.

CHAIGNET (ED.)

Pythagore et la Philosophie pythagoricienne. *(Ouvrage couronné par l'Académie des Sciences morales)* 2 vol. in-8. . . . . 12 fr.

CHAMPOLLION LE JEUNE

Lettres écrites d'Égypte et de Nubie en 1828 et 1829. Nouv. édit. 1 vol. in-8 avec planches. . . . . 7 fr. 50

CHASLES (PHIL.)

Voyages d'un critique à travers la vie et les livres. *Première série:* **Orient.** — *Deuxième série:* **Italie et Espagne.** 2 vol. in-8. . . . . 12 fr.

CHASLES (ÉMILE)

Michel de Cervantes. Sa vie, son temps, etc. 1 vol. in-8. . . . . 7 fr.

CHASSANG

Le Spiritualisme et l'idéal dans l'art et la poésie des Grecs. 1 vol. in-8. 6 fr.
Apollonius de Tyane, sa vie, ses voyages, ses prodiges, par PHILOSTRATE, et ses Lettres ; ouvr. trad. du grec, avec notes, etc. 1 vol. in-8. . . . . 6 fr.
Histoire du Roman dans l'antiquité grecque et latine, et de ses rapports avec l'histoire. (*Ouvrage couronné par l'Académie des inscriptions.*) 1 vol. in-8. 6 fr

CHERRIER (DE)

Histoire de Charles VIII, roi de France. 2 vol. in-8. . . . . 14 fr

CLÉMENT (CHARLES)

Prudhon, sa vie, ses œuvres et sa correspondance. 2e éd. 1 v. in-8. 6 fr.
Géricault. — *Étude biographique et critique*, avec le catalogue raisonné de l'œuvre du maître. 1 vol. in-8. . . . . 6 fr.

CLÉMENT (PIERRE)

L'Abbesse de Fontevrault, *Gabrielle de Rochechouart de Mortemart.* 1 vol. in-8, orné d'un portrait. 7 fr. 50
Enguerrand de Marigny, *Beaune de Semblançay, le chevalier de Rohan.* Épisodes de l'histoire de France. 2e édition. 1 vol. in-8. . . . . 6 fr.

COMBES (F.)

La Princesse des Ursins. Essai sur sa vie et son caractère politique. 1 v. in-8. 5 fr.

COURCY (MARQUIS DE)

L'Empire du Milieu. État et description de la Chine. 1 fort vol. in-8. . . . 9 fr.

COURDAVEAUX

Caractères et Talents. Études de littérature ancienne et moderne. 1 vol in-8. 6 fr.
Entretiens d'Épictète, trad. nouvelle et complète. 1 vol. in-8. . . . . . 7 fr.
Eschyle, Xénophon et Virgile. 1 vol. in-8. . . . . 5 fr.

COUSIN (V.)

La Jeunesse de Mazarin. 1 fort vol. in-8. . . . . 7 fr.
La Société française au XVIIe siècle, d'après le *Grand Cyrus*, roman de mademoiselle de Scudéry. 5e édit. 2 vol. in-8. . . . . 14 fr.
Madame de Chevreuse. 5e édit. 1 vol. in-8, orné d'un joli portrait. . . 7 fr.
Madame de Hautefort. 2e édit. 1 vol. in-8. avec un joli portrait. . . . . 7 fr.
Jacqueline Pascal. 7e édition. 1 vol. in-8, *fac-simile* . . . . 7 fr.
La Jeunesse de madame de Longueville. 7e édit. 1 v. in-8, 2 port. 7 fr.
Madame de Longueville pendant la Fronde (2e édit.). 1 vol. in-8 . . 7 fr.
Madame de Sablé. 2e édition. 1 vol. in-8, avec portrait. . . . . 7 fr.
Études sur Pascal. 1 vol. in-8. (*Sous presse.*)
Fragments et Souvenirs littéraires. 1 vol. in-8. . . . . 7 fr.
Premiers Essais de Philosophie. 4e édit. 1 vol. in-8 . . . . 6 fr.
Philosophie sensualiste du XVIIIe siècle. Nouvelle édit. 1 vol. in-8. 6 fr.
Introduction à l'Histoire de la Philosophie. Nouv. édition. 1 vol. in-8. . 6 fr.
Histoire générale de la Philosophie depuis les temps les plus anciens jusqu'au XIXe siècle. 10e édit. 1 vol. in-8. . . . . 7 fr. 50
Philosophie de Locke. Nouvelle édition entièrement revue. 1 vol. in-8. 6 fr.
Du Vrai, du Beau et du Bien, 17e édit. 1 vol. in-8 avec portrait. . . . 7 fr.
Fragments pour servir à l'histoire de la philosophie. 5 vol. in-8. . 30 fr.
Séparément : **Philosophie ancienne et du moyen âge.** 2 vol. in-8. . 12 fr.
—— **Philosophie moderne.** 2 vol. in-8. . . . . 12 fr.
—— **Philosophie contemporaine.** 1 vol. in-8. . . . . 6 fr.

CRAVEN (Mme AUG.), NÉE LA FERRONNAYS

Récit d'une Sœur. Souvenirs de famille. 19e édition. 2 vol. in-8, avec un beau portrait. . . . . 15 fr.

DANTIER (ALPH.)

Les Monastères bénédictins d'Italie. Souvenirs d'un voyage littéraire au delà des Alpes. (*Ouvrage couronné par l'Académie française.*) 2 vol. in-8. 15 fr.

DAUDVILLE

Physiologie des instincts de l'homme. 1 vol. in-8. . . . . 6 fr.

DELAPERCHE

Essai de philosophie analytique. 1 vol. in-8. . . . . 7 fr.

DELAUNAY (FERD.)

Philon d'Alexandrie. *Écrits historiq.*, trad. et préc. d'une intr. 1 v. in-8. 7 fr

DELÉCLUZE (E.-J.)

Louis David, son école et son temps. Souvenirs. 1 vol. in-8. . . . . 6 fr.

DELOCHE (MAX.)

La Trustis et l'Antrustion royal sous les deux 1res races. 1 vol. gr. in-8. 10 fr

DESJARDINS (ALBERT)

Les Moralistes français au XVIe siècle. (*Ouvr. cour. par l'Acad. franc.* 1 vol. in-8. . . . . 7 fr. 50

DESJARDINS (ERNEST)

Le grand Corneille historien. 1 vol. in-8. . . . . 5 fr.
Alésia (7e CAMPAGNE DE JULES CÉSAR). Résumé du débat, etc., suivi de notes inédites de Napoléon Ier sur les COMMENTAIRES DE JULES CÉSAR. In-8, avec *fac-simile.* 3 fr.

DESNOIRESTERRES (GUST.)

Gluck et Piccinni. *La musique française au XVIIIe siècle.* 1 v. in-8. 7 fr. 50
Voltaire et la Société au XVIIIe siècle. 5 séries ou volumes: *La Jeunesse de Voltaire* (épuisé). *Voltaire à Cirey. Voltaire à la cour. Voltaire et Frédéric. Voltaire aux Délices.* Le vol. à. . . . . 7 fr. 50

DREYSS (CH.)

Mémoires de Louis XIV POUR L'INSTRUCTION DU DAUPHIN. 1re édit. complète, avec une étude sur la composition des Mémoires et des notes. 2 vol. in-8. . 12 fr.

DUBOIS (D'AMIENS) (FRÉD.)

Éloges prononcés à l'Académie de médecine. PARISET, BROUSSAIS, ANT. DUBOIS, RICHERAND, BOYER, ORFILA, CAPURON, DENEUX, RÉCAMIER, ROUX, MAGENDIE, GUÉNEAU DE MUSSY, G. SAINT-HILAIRE, CHOMEL, THÉNARD, etc., etc. 2 vol. in-8. 12 fr.

DUBOIS-GUCHAN

Tacite et son siècle, ou la société romaine impériale, d'Auguste aux Antonins, dans ses rapports avec la société moderne. 2 beaux volumes in-8. . . . . 14 fr.
De l'Esprit de mon temps au point de vue moral. 1 vol. in-8. . . . . . 4 fr.

A. DUCASSE

Le général Vandamme et sa correspondance. 2 vol. in-8. . . . . . . 12 fr.

DUCLOS (H.)

Madame de La Vallière et **Marie Thérèse d'Autriche**, femme de Louis XIV, avec pièces et documents inédits. 2e édit., 2 vol. in-8. . . . . 16 fr

DU MÉRIL (ÉDELST.)

Histoire de la Comédie ancienne. 2 vol. in-8. . . . . 16 fr.

DUMONT (ALB.)

Le Balkan et l'Adriatique.— *Les Bulgares et les Albanais, le Panslavisme et l'Hellénisme*, etc. 1 vol. in-8. . . . . 6 fr.

DURAND DE LAUR

Erasme, sa vie, son œuvre. 2 forts vol. in-8. . . . . 15 fr.

EGGER

L'Hellénisme en France. Leçons sur l'influence des études grecques sur la langue et la littérature françaises. 2 vol. in-8. . . . . 15 fr.

FABRE (A.)

La Correspondance de Fléchier avec Madame des Houlières et sa fille. 1 vol. in-8. . . . . 6 fr.

FALLOUX (Cte DE)

Madame Swetchine. Sa vie et ses pensées, publiées par M. DE FALLOUX. 11e édit. 2 vol. in-8, ornés d'un portrait. . . . . 15 fr.
Lettres de madame Swetchine. publ. par M. DE FALLOUX. 3 vol. in-8. 22 fr. 50
Correspondance du P. Lacordaire avec madame Swetchine, publiée par M. DE FALLOUX. 1 vol. in-8. . . . . 7 fr. 50
Étude sur madame Swetchine, par Ern. Naville. In-8. . . . . 1 fr. 50

FAVRE (L.)

Le chancelier Estienne Denis Pasquier. Souvenirs de son dernier secrétaire. 1 vol. in-8. avec portrait. . . . . 7 fr. 50

FERRARI (J.)

La Chine et l'Europe, leur hist. et leurs traditions comparées. 1 vol. in-8. 7 f. 50
Histoire des Révolutions d'Italie, ou Guelfes et Gibelins. 4 vol. in-8. 24 fr.

FERRI (LOUIS.)

Histoire de la Philosophie en Italie au XIXe siècle. 2 vol. in-8. . . . 12 fr.

FEUGÈRE (LÉON)

Les Femmes poëtes au XVIe siècle, étude suivie de notices sur Mlle de Gournay, d'Urfé, Montluc, etc. 1 vol. in-8. . . . . 5 fr.

FLAMMARION

Récits de l'infini. *Lumen, Histoire d'une comète,* etc. 1 vol. in-8. . . 6 fr.

La Pluralité des mondes habités. Étude où l'on expose les conditions d'habitabilité des terres célestes, etc. Nouv. édit. 1 fort vol. in-8 avec figures. . 7 fr.

FRANCK (AD.)

Moralistes et Philosophes. 1 vol. in-8. 1872. . . . . 7 fr. 50

Philosophie et Religion. 1 vol. in-8. . . . . 7 fr. 50

GANDAR

Lettres et souvenirs d'enseignement, publiés par sa famille, avec une *Étude* par M. Sainte-Beuve. 2 vol. in-8. . . . . 15 fr.

Choix de Sermons de la jeunesse de Bossuet. Édition critique d'après les textes, avec introduction, notes et notices. 1 vol. in-8, 5 fac-simile. . 7 fr. 50

GEFFROY (A.)

Rome et les Barbares. Étude sur la *Germanie* de Tacite. 1 vol. in-8. 7 fr. 50

Lettres inédites de Mme des Ursins, avec une introd. et des notes. 1 v. in-8. 6 fr.

GERMOND DE LAVIGNE

Le Don Quichotte de Fernandez Avellaneda, traduit de l'espagnol et annoté. 1 beau vol. in-8. . . . . 5 fr.

GERUZEZ

Histoire de la littérature française jusqu'à la Révolution. (*Ouvrage couronné par l'Académie française.*) Nouvelle édition. 2 vol. in-8. . . . . 14 fr.

GODEFROY-MENILGLAISE (Mis DE)

Les savants Godefroy. Mémoires d'une famille pendant les XVIe, XVIIe et XVIIIe siècles. 1 vol. in-8. . . . . 7 fr.

GODEFROY (F.)

Lexique comparé de la langue de Corneille et de la langue du XVIIe siècle en général. (*Ouvrage couronné par l'Académie française.*) 2 vol. in-8. . . . . 15 fr.

GUADET

Les Girondins, leur vie politique et privée, leur proscription, leur mort. 2 vol. in-8. . . . . 12 fr.

GUÉRIN (MAURICE DE)

Journal, lettres et fragments, publiés par M. Trebutien, avec une étude par M. Sainte-Beuve. 1 volume in-8. . . . . 7 fr.

GUÉRIN (EUGÉNIE DE)

Journal et lettres, publiés par M. Trebutien. (*Ouvrage couronné par l'Académie française.*) 2 vol. in-8. 14 fr.

GUIZOT

Sir Robert Peel, étude d'histoire contemporaine, accompagnée de fragments *inédits* des Mémoires de Robert Peel. Nouvelle édition. 1 vol. in-8.. . . . . 6 fr.

Histoire de la Révolution d'Angleterre, depuis l'avénement de Charles Ier jusqu'à la mort de R. Cromwell (1625-1660). 6 vol. in-8, en 3 parties. . . 42 fr.

— **Histoire de Charles Ier,** depuis son avénement jusqu'à sa mort (1625-1649) précédée d'un *Discours sur la Révolution d'Angleterre.* 8e édit. 2 vol. in-8. 14 fr.

— **Histoire de la République d'Angleterre et de Cromwell** (1649-1658). 2e édit. 2 vol. in-8. . . . . 14 fr.

— **Histoire du protectorat de Richard Cromwell,** et du *Rétablissement des Stuarts* (1659-1660). 2e édit. 2 vol. in-8. . . . . 14 fr.

Études sur l'Histoire de la Révolution d'Angleterre. 2 vol. in-8 :

— **Monk. Chute de la République.** 5e édit. 1 vol. in-8, portrait.. . . . 6 fr.

— **Portraits politiques** des hommes des divers partis : *Parlementaires, Cavaliers, Républicains, Niveleurs.* Études historiques Nouv. édit. 1 vol. in-8. 6 fr.

Essais sur l'Histoire de France. 10e édit. 1 vol. in-8 . . . . 6 fr.

Histoire des origines du gouvernement représentatif et des institutions politiques de l'Europe, etc. Nouv. édit. 2 vol. in-8. . . . . 10 fr.

GUIZOT (*suite.*)

Histoire de la civilisation en Europe et en France, depuis la chute de l'empire romain jusqu'à la Révolution française. Nouv. édition. 5 vol. in-8. 30 fr.

Discours académiques, suivis des discours prononcés pour la distribution des prix au Concours général et devant diverses sociétés, etc. 1 vol. in-8. . . 6 fr.

Corneille et son temps. Étude littéraire, etc. 1 vol. in-8. . . . . 6 fr.

Méditations et Études morales et religieuses. Nouv. édit. 1 vol. in-8. 6 fr.

Études sur les beaux-arts en général. 3e édit. 1 vol. in-8. . . . . . . 6 fr.

De la Démocratie en France. 1 vol. in-8 de 164 pages. . . . . . . 2 fr. 50

Abailard et Héloïse. Essai historique par M. et Mme Guizot, suivi des *Lettres d'Abailard et d'Héloïse*, traduites par M. Oddoul. Nouv. édit. 1 vol. in-8. 6 fr.

Grégoire de Tours et Frédégaire. — Histoire des Francs et Chronique, trad. Nouv. édit. revue et augmentée de la *Géographie de Grégoire de Tours et de Frédégaire*, par M. Alfred Jacobs. 2 vol. in-8, avec une carte spéciale. . 14 fr.

Cet ouvrage est autorisé par décision ministérielle pour les Écoles publiques.

Œuvres complètes de W. Shakspeare, traduction nouvelle de M. Guizot, avec notices et notes. 8 vol. in-8. . . . . 48 fr.

Histoire de Washington *et de la fondation de la république des États-Unis*, par M. C. de Witt, avec une Introduction par M. Guizot. 3e édition, revue et augmentée. 1 vol. in-8, avec portraits et carte. . . . . 7 fr.

Dictionnaire universel des synonymes de la langue française, contenant les synonymes de Girard, Beauzée, Roubaud, d'Alembert, etc., augmenté d'un grand nombre de nouveaux synonymes, par M. Guizot, 8e édit. 1 vol. gr. in-8.... 12 fr.

L'introduction de cet ouvrage est autorisée dans les Etablissements d'instruction publique

GUIZOT (GUILLAUME)

Ménandre. Étude historique et littéraire sur la Comédie et la Société grecques. (*Ouvrage couronné par l'Académie française.*) 1 vol. in-8, avec portrait. . . 6 fr.

HALLEGUEN (Dr)

Armorique et Bretagne. Origines armorico-bretonnes. 2 vol. in-8. . . 12 fr.

HOUSSAYE (ARSÈNE)

Histoire de Léonard de Vinci. 1 vol. in-8 avec portrait 7 50

HOUSSAYE (HENRY)

Histoire d'Alcibiade et de la République athénienne, depuis la mort de Périclès jusqu'à l'avénement des trente tyrans. 2 volumes in-8, ornés d'un beau portrait. . . . . 14 fr.

Histoire d'Apelles. Études sur l'art grec. 1 vol. in-8. . . . . 7 fr.

HUREL (L'ABBÉ A.)

Les Orateurs sacrés à la cour de Louis XIV. 2 vol. in-8. . . . 12 fr.

J. JANIN

La Poésie et l'Éloquence à Rome au temps des Césars. 1 vol. in-8. 6 fr.

JOBEZ (AD.)

La France sous Louis XV (1715-1774). 6 vol. in-8. (*Ouv. terminé.*). 33 fr.

JULIEN (ERN.)

La Chasse. Son histoire et sa législation. 1 vol. in-8. . . . . 7 fr.

JUSTE (THÉOD.)

Le Soulèvement des Pays-Bas contre la domination espagnole. 2 vol. in-8. . . . . 14 fr.

Vie de Marnix de Sainte-Aldegonde — 1538-1568 — 1 vol. in-8. . . . 5 fr.

LÉON LAGRANGE

Joseph Vernet et la Peinture au XVIIIe siècle, avec grand nombre de documents inédits. 1 volume in-8. . . . . 6 fr.

Pierre Puget, peintre, sculpteur architecte, etc. 1 vol. in-8. . . . . . . 6 fr.

LAMENNAIS

Correspondance inédite, publiée par M. Forgues. 2 vol. in-8. . . . . . 10 fr

LAPATZ

Lettres de Synésius, traduites pour la première fois et suivies d'études, etc. 1 vol. in-8. . . . . 7 fr.

LAPRADE (V. DE)

Poëmes civiques. 1 vol. in-8 . . . . 6 fr.
Questions d'art et de morale. 1 vol. in-8. . . . . 6 fr.
Le Sentiment de la nature avant le Christianisme et chez les modernes. 2 vol. in-8. . . . . 15 fr.

LAVOLLÉE (RENÉ)

Portalis, *sa vie et ses œuvres.* 1 vol. in-8. . . . . 6 fr.

LECOY DE LA MARCHE

La Chaire française au moyen âge, et spécialement au XIII° siècle. (*Ouvrage couronné par l'Académie des inscriptions.*) 1 vol. in-8. . . . . 8 fr.

LE DIEU (L'ABBÉ)

Mémoires et Journal de l'abbé Le Dieu, sur la vie et les ouvrages de Bossuet, publiés sur les manuscrits autographes. 4 vol. in-8. . . . . . . 20 fr.

LÉLUT

Physiologie de la pensée. Recherche critique des rapports du corps à l'esprit. 2 vol. in-8. . . . . 12 fr.

LEMOINE (ALB.)

L'Aliéné devant la philosophie, la morale et la société. 1 vol. in-8. . . 6 fr.

LESSING

La Dramaturgie de Hambourg, trad. d'Éd. DE SUCKAU et L. CROUSLÉ, avec une étude par M. A. MÉZIÈRES. 1 vol. in-8. . . . . 7 fr.
Théâtre choisi de LESSING et KOTZEBUE, avec notices et notes; traduit par MM. de BARANTE et FRANK. 1 vol. in 8. . . . . 6 fr.

LEZAT (L'ABBÉ)

De la Prédication sous Henri IV. 1 vol. in-8. . . . . 5 fr.

LITTRÉ

Histoire de la langue française. Études sur les origines, l'étymologie, la grammaire, etc. 4° édit. 2 vol. in-8. . . . . 14 fr.

LIVET (CH.)

La Grammaire française et les Grammairiens du XVII° siècle. (*Mention très-honorable de l'Académie des inscriptions.*) 1 fort vol. in-8. . . . . 7 fr.

LOPE DE VEGA

Œuvres dramatiques. *Drames et Comédies.* Trad. de M. E. BARET, avec une Étude, des notices et notes. 2 vol. in-8. . . . . 12 fr.

LORGERIL (V^TE DE)

Poëmes. 1 vol. in-8. . . . . 6 fr.

LOVE

Le Spiritualisme rationnel, à propos des divers moyens d'arriver à la connaissance, etc. 1 vol. in-8. . . . . 6 fr.

J. TH. LOYSON (L'ABBÉ)

L'Assemblée du clergé de France *de* 1682, d'après des documents dont un grand nombre inconnus jusqu'à ce jour. 1 vol. in-8 . . . . 7 fr.

MARTHA BECKER

Matérialisme et panthéisme. 1 vol. in-8. . . . . 5 fr.

MARTIN (HENRI)

Études d'Archéologie celtique, 1 vol. in-8. . . . . 7 fr. 50

MARY (D^r)***

Le Christianisme et le Libre Examen. Discussion des arguments apologétiques. 2 vol. in-8. . . . . 12 fr.

MATTER

Le Mysticisme en France au temps de Fénelon. 1 vol. in-8. . . . 6 fr.
Swedenborg. Sa vie, ses écrits, sa doctrine. 1 vol. in-8. . . . . 6 fr.
Saint-Martin, *le Philosophe inconnu,* sa vie, ses écrits, etc. 1 vol. in-8. 6 fr.

MAURY (ALF.)

Les Académies d'autrefois. 2 parties :
— *L'ancienne Académie des sciences.* 1 volume in-8. . . . . 6 fr.
— *L'ancienne Académie des inscriptions et belles-lettres.* 1 volume in-8. . 6 fr.

MEAUX (V^TE DE)

La Révolution et l'Empire. Étude d'histoire politique. 1 vol. in-8. . . 6 fr.

MÉNARD (L. ET R.)

La Sculpture antique et moderne. 1 vol. in-8. . . . . 6 fr.

La Morale avant les philosophes. 1 vol. in-8. . . . . 3 fr. 50

MÉZIÈRES (ALF.)

Pétrarque. Étude d'après des documents nouveaux. (*Ouvrage couronné par l'Académie française.*) 1 vol. in-8. . . . . 7 fr. 50

Gœthe. Les œuvres expliquées par la vie. 2 vol. in-8 . . . . 15 fr.

MICHAUD (ABBÉ)

Guillaume de Champeaux et les écoles de Paris au XIIe siècle. 1 vol. in-8. 7 fr.

MIGNET

Éloges historiques : *Jouffroy, de Gérando, Laromiguière, Lakanal, Schelling, Portalis, Hallam, Macaulay.* 1 vol. in-8.. . . . . 6 fr.

Charles-Quint, SON ABDICATION, SON SÉJOUR ET SA MORT AU MONASTÈRE DE YUSTE. 5e édit., revue et corrigée. 1 beau vol. in-8. . . . . 6 fr.

Histoire de la Révolution française, de 1789 à 1814. 11e édit. 2 vol. in-8. (*Sous presse*).

MOLAND (LOUIS)

Origines littéraires de la France. Roman, Légende, etc. 1 vol. in-8. 6 fr.

MONNIER (F.)

Le Chancelier d'Aguesseau, etc., avec des documents inédits et des ouvrages nouveaux du Chancelier. (*Ouvr. cour. par l'Acad. franç.*) 2e édit. 1 vol. in-8. 6 fr.

MONTALEMBERT (COMTE DE)

L'Église libre dans l'État libre. 1 vol. in-8. . . . . 2 fr. 50

MORAND (F.)

Les jeunes années de Sainte-Beuve. 1 vol. in-8. . . . . 5 fr

MORET (ERNEST)

Quinze ans du règne de Louis XIV. 1700-1715. (*Ouvrage couronné par l'Académie française, 2e prix Gobert.*) 3 vol. in-8. . . . . 15 fr.

MOURIN (ERN.)

Les Comtes de Paris. Histoire de l'Avénement de la 3e race. (*Ouvrage cour. par l'Académie française. 2e prix Gobert*). 1 vol. in-8 . . . . 7 fr.

NOURRISSON

Tableau des progrès de la pensée humaine. Les philosophes et les philosophies depuis Thalès jusqu'à Hegel. 5e édit. revue et augm. 1 vol. in-8. 7 fr. 50

Philosophie de saint Augustin. (*Ouvrage couronné par l'Académie des sciences morales.*) 2 vol. in-8. . . . . 14 fr.

La Nature humaine. Essais de psychologie appliquée. (*Ouvrage couronné par l'Académie des sciences morales.*) 1 vol. in-8. . . . . 7 fr.

Essai sur Alexandre d'Aphrodisias, suivi du traité *du Destin et du Libre pouvoir,* traduit en français pour la première fois. 1 vol. in-8.. . . . . . . 6 fr.

NOUVION (V. DE)

Histoire du règne de Louis-Philippe Ier (1830-1840). 4 vol. in-8. . . 24 fr

PAPILLON (F.)

La Nature et la vie. Faits et Doctrines. 1 vol. in-8. . . . . 7 fr. 50

PELLISSON ET D'OLIVET

Histoire de l'Académie française. Nouv. édit. avec une introduction, des notes et éclaircissements, par M. CH. LIVET. 2 gros vol. in-8. . . . . . . 12 fr.

PENQUER (Mme A.)

Velléda. 3e édit. 1 vol. in-8. . . . . 6 fr.

PERRENS

La Démocratie en France au moyen-âge. (*Ouvrage couronné par l'Institut.*) 2 vol. in-8. . . . . 12 fr.

Les Mariages espagnols sous Henri IV et Marie de Médicis. (*Ouvrage couronné par l'Académie française.*) 1 vol. in-8. . . . . 7 fr.

POTIQUET

L'Institut national de France. Ses diverses organisations. — Ses membres. — Ses associés et correspondants (20 nov. 1795. — 19 nov. 1869). 1 vol. in-8. 8 fr

POUGEOIS (L'ABBÉ)

Vansleb, *savant orientaliste et voyageur;* sa vie, sa disgrâce, ses œuvres. 1 vol. in-8. . . . . 7 fr.

POUJADE (EUG.)

Chrétiens et Turcs, scènes et souvenirs de la vie politique, militaire et religieuse en Orient. 1 fort vol. in-8. . . . . 6 fr.

PRELLER

Les Dieux de l'ancienne Rome. *Mythologie romaine*, trad. par M. Dietz, avec préface de M. Alf. Maury. 1 vol. in-8. . . . . 7 fr. 50

RAYNAUD (MAURICE)

Les Médecins au temps de Molière. Mœurs, Institutions, Doctr. 1 v. in-8. 6 fr.

RÉAUME (EUG.)

Les Prosateurs français au XVIe siècle. 1 vol. in-8. . . . . 6 fr.

REYNALD (H.)

Mirabeau et la constituante. (*Ouv. cour par l'Acad. franç.*) 1 v. in-8. 7 fr. 50

RIBOT

Philosophie de la Société. Étude sur notre organisation sociale. 1 vol. in-8. 6 fr.

ROSELLY DE LORGUES

Christophe Colomb. Sa vie et ses voyages. 3e édit. 2 vol. in-8, portr. . . 12 fr.

ROUGEMONT

L'Age du Bronze, ou les *Sémites en Occident*, matériaux pour servir à l'histoire de la haute antiquité. 1 vol. in-8. . . . . 7 fr.

ROUSSET (CAMILLE)

Le Comte de Gisors, 1732-1758, étude historique. 1 vol. in-8 . . . 7 fr.
Histoire de Louvois et de son administration politique et militaire. (*Ouvrage couronné par l'Académie française. 1er prix Gobert.*) 3e édit. 4 vol. in-8. 28 fr.
Correspondance de Louis XV et du maréchal de Noailles. 2 v. in-8. 12 fr.

P. ROUSSELOT

Les Mystiques espagnols. 2e édit. 1 vol. in-8. . . . . 7 fr. 50

SACY (S. DE)

Variétés littéraires, morales et historiques. 2e édit. 2 vol. in-8. . . . . 14 fr.

J. BARTHÉLEMY SAINT-HILAIRE

Le Bouddha et sa religion. Nouv. édition, revue et augm. 1 vol. in-8. . 7 fr.
Mahomet et le Coran. Précédé d'une introduction sur les devoirs mutuels de la philosophie et de la religion. 1 vol. in-8. . . . . 7 fr.
L'Iliade d'Homère, trad. en vers français. 2 vol in-8. . . . . 10 fr.

SAISSET (E.)

Le Scepticisme. — Ænésidème. — Pascal. — Kant. — Études, etc. 1 vol. in-8. 6 fr.
Précurseurs et Disciples de Descartes. Études d'histoire et de philosophie. 1 vol. in-8. . . . . 6 fr.

SALVANDY (N. DE)

Histoire de Sobieski et de la Pologne. 2 vol. in-8. Nouvelle édition. . . 14 fr.
Don Alonso, ou l'Espagne; histoire contemporaine. Nouv. édit. 2 v. in-8. 14 fr.
La Révolution de 1830 et *le Parti révolutionnaire*. Nouv. édit. 1 vol. in-8. 1855. . . . . 5 fr.

SAULCY (F. DE)

Voyage en terre sainte. 2 vol. grand in-8. . . . . 20 fr.
Histoire de l'Art judaïque, d'après les textes sacrés et profanes. 1 vol. in-8. 6 fr.
Les Campagnes de Jules César dans les Gaules. Études d'archéologie militaire. 1 vol. in-8, fig. . . . . 7 fr.

DISCOURS ACADÉMIQUES

Discours de MM. de Loménie et J. Sandeau, à l'Académie française, le 8 janvier 1874. In-8 . . . . 1 fr.
Discours de MM. de Viel Castel et X. Marmier. séance du 27 novembre 1873, in-8 . . . . 1 fr.
Discours de MM. Littré et de Champagny séance du 5 juin 1873. In-8. . . . . 1 fr.
Discours de MM. le duc d'Aumale et Cuvillier Fleury, séance du 3 avril 1873. In-8. . . . . 1 fr.
Discours de MM. Rousset et d'Haussonville, séance du 2 mars 1872. In-8. 1 fr.
Discours de MM. Duvergier de Hauranne et Cuvillier-Fleury, séance du 29 février 1872. In-8. . . . . 1 fr.
Discours de MM. X. Marmier et Cuvillier-Fleury, séance du 7 décembre 1871. In-8. . . . . 1 fr.
Discours de MM. Jules Janin et Camille Doucet, séance du 9 novembre 1871. In-8 . . . . 1 fr.
Discours de MM. Barbier et Silvestre de Sacy, séance du 17 mai 1870. In-8 . . . . 1 fr.
Discours de MM. d'Haussonville et Saint-Marc Girardin, séance du 13 mars 1870. In-8. . . . . 1 fr.
Discours de MM. de Champagny et Silvestre de Sacy, séance du 10 mars 1870. In-8. . . . . 1 fr.
Discours de MM. Autran et Cuvillier-Fleury, séance du 8 avril 1869. In-8. . . . . 1 fr.
Discours de MM. Claude Bernard et Patin, séance du 27 mai 1869. In-8. . . . . 1 fr.
Discours de MM. Jules Favre et Ch. de Rémusat, séance du 23 avril 1868. . . . . 1 fr.
Discours de MM. l'abbé Gratry et Vitet, séance du 26 mars 1868. . . 1 fr.
Discours de MM. Cuvillier-Fleury et Nisard, séance du 11 avril 1867. 1 fr.
Discours de M. Guizot, en réponse à celui de M. Prévost-Paradol, séance du 8 mars 1866. . . . . 50 c.
Discours de MM. Camille Doucet et Sandeau, séance du 22 février 1866. 1 fr.
Discours de MM. Dufaure et Patin, séance du 7 avril 1864. In-8. . . 1 fr.
Discours de MM. le comte de Carné et Viennet, séance du 4 février 1864. In-8. . . . . 1 fr.
Discours de MM. le prince de Broglie et Saint-Marc-Girardin, séance du 26 février 1863. In-8. . . . . 1 fr.
Discours de MM. J. Sandeau et Vitet, séance du 26 mai 1859. In-8. . 1 fr.
Discours de MM. de Laprade et Vitet, séance du 17 mars 1859. In-8. . 1 fr
Discours de MM. le comte de Falloux et Brifaut, séance du 26 mars 1857. In-8. . . . . 1 fr.
Discours de MM. Biot et Guizot, séance du 5 février 1857. In-8. . . 1 fr.
Discours de MM. le duc de Broglie et Désiré Nisard, séance du 3 avril 1856. In-8. . . . . 1 fr.
Discours de MM. Silvestre de Sacy et de Salvandy, séance du 22 juin 1855. In-8. . . . . 1 fr.
Discours de MM. Berryer et de Salvandy, séance du 22 février 1855. In-8. . . . . 1 fr.
Discours de MM. Villemain et Guizot, à l'Académie française (séance annuelle du 25 août 1859). In-8. . . . . 1 fr.

Notice historique sur la vie et les travaux de M. Victor Cousin, par M. Mignet, séance du 16 janvier 1869. In-8 . . . . 1 fr.
Éloge de M. Horace Vernet, par M. Beulé, prononcé à l'Académie des beaux-arts, le 3 octobre 1863. In-8. . . . . 1 fr.
Éloge de M. Hippolyte Flandrin, par M. Beulé, prononcé à l'Académie des beaux-arts, le 19 novembre 1864. In-8. . . . . 1 fr.
Éloge de M. Meyerbeer, par M. Beulé, à l'Académie des Beaux-Arts, le 28 octobre 1865. In-8. . . . . 1 fr.

BIBLIOTHÈQUE ACADÉMIQUE

Format in-12.

ALAUX

La Raison.—Essai sur l'avenir de la philosophie. 1 vol. . . . . 3 fr.

AMPÈRE (J.-J.)

Formation de la langue française. Complément de l'**Histoire littéraire de la France.** 3ᵉ édition revue et annotée. 1 fort vol. . . . . 4 fr.

Histoire littéraire de la France avant et sous Charlemagne. 3ᵉ édition revue. 3 vol. . . . . 10 fr. 50

La Grèce, Rome et Dante, études littéraires. 3ᵉ édit. 1 vol. . . . . . 3 fr. 50

La Science et les Lettres en Orient. 2ᵉ édit. 1 vol. . . . . 3 fr. 50

Philosophie des deux Ampère, avec Préface de M. B. Saint-Hilaire. 2ᵉ édit. 1 vol. . . . . 3 fr. 50

Heures de poésie. Nouvelle édition. 1 vol. . . . . 3 fr. 50

AUBERTIN (CH.)

L'Esprit public au XVIIIᵉ siècle. (*Ouv. couronné par l'Académie française*.) 2ᵉ édit. 1 fort vol. . . . . 4 fr.

Sénèque et saint Paul. Étude sur les rapports supposés entre le philosophe et l'apôtre. (*Ouv. couronné par l'Acad. française*). 2ᵉ édit. 1 vol. . . . 3 fr. 50

AUBRYET (XAV.)

Les Représailles du Sens commun. 1 vol. . . . . 3 fr. 50

AUDIAT

Bernard Palissy. Étude sur sa vie et ses travaux. (*Ouv. couronné par l'Académie française.*) 1 vol. . . . . 3 fr. 50

AUDIGANNE

La Morale dans les Campagnes. 1 vol. . . . . 3 fr. 5

AUDLEY (Mᵐᵉ)

Franz Schubert. Sa vie, ses œuvres. Avec le Catalogue de ses pièces. 1 vol. 3 fr.

Beethoven, sa vie, ses œuvres. Avec le Catalogue. 1 vol. . . . . 3 fr.

AUGER (ED.)

Récits d'outre-mer. 1 vol. . . . . 3 fr.

D'AZEGLIO (MASSIMO)

L'Italie, de 1847 à 1865. Correspondance politique publiée par Eug. Rendu. 3ᵉ édition. 1 vol. in-12. . . . . 3 fr. 5

BADER (Mˡˡᵉ)

La Femme biblique, sa vie morale et sociale. 2ᵉ édit. 1 vol. . . . . . 3 fr. 50

La Femme grecque. (*Ouvrage couronné par l'Académie française*). 2ᵉ édition. 2 vol. . . . . 7 f

BABOU

Les Amoureux de Mᵐᵉ de Sévigné, etc. 2ᵉ édition. 1 vol. . . . . 3 fr.

BAGUENAULT DE PUCHESSE

L'Immortalité. — *La mort et la vie.* 3ᵉ édit. revue. 1 vol. . . . . . . 3 fr. 50

BAGUENAULT DE PUCHESSE (GUSTAVE)

Jean de Morvillier, évêque d'Orléans, garde des sceaux. Étude sur la politique française au XVIᵉ siècle. 2ᵉ édit. 1 vol. . . . . 3 fr. 50

BAILLON (COMTE DE)

Lettres d'Horace Walpole, pendant ses voyages en France. 2ᵉ édit. 1 vol. 3 fr. 50

Lord R. Walpole à la cour de France. 1723-1730. 2ᵉ édit. 1 vol. . 3 fr. 50

BARET

Les Troubadours, et leur influence sur la littérature du midi de l'Europe. 3ᵉ édition. 1 vol. . . . . 3 fr. 50

BARANTE

Études historiques et littéraires. Nouv. édit. 4 vol. . . . . 14 fr.

Royer-Collard. — Ses discours et ses écrits. Nouv. éd. 2 vol. (*sous presse*) 7 fr.

Histoire des ducs de Bourgogne Nouv. édit., illustrée de vign. 8 vol. 28 fr.

Tableau littéraire du XVIIIᵉ siècle. Nouv. édit. 1 vol. . . . . 3 fr. 50

Histoire de Jeanne d'Arc. *Édition populaire.* 1 vol. . . . . 1 fr. 25

BARTHÉLEMY (ED. DE)

Mesdames, filles de Louis XV. 2ᵉ édit. 1 fort vol. . . . . 4 fr.
La princesse de Condé, *Charlotte Catherine de la Trémoille*, 1 vol. 3 fr. 50
Journal d'un Curé ligueur de Paris, etc. 1 vol. . . . . 3 fr.

H. BAUDRILLART

Publicistes modernes. *Young, de Maistre, M. de Biran, Ad. Smith, L. Blanc, Proudhon, Rossi, Stuart-Mill*, etc. 2ᵉ édition. 1 vol. . . . . 3 fr. 50

BAUTAIN (L'ABBÉ)

Philosophie des lois au point de vue chrétien. 3ᵉ édit. 1 vol. . . . . . 3 fr. 50
La Conscience, ou la Règle des actions humaines. 2ᵉ édit. 1 vol. . . . 3 fr. 50

BECQ DE FOUQUIÈRES

Aspasie de Milet. Étude historique et morale. 1 vol. . . . . 3 fr. 50

BENLOEW

Essais sur l'esprit des littératures. La Grèce et son cortège. 1 vol. 3 fr. 50

BENOIT

Chateaubriand, sa vie, ses œuvres. (*Ouv. cour. par l'Acad. franç.*) 1 vol. 3 fr.

BERSOT (ERN.)

Morale et politique. 2ᵉ édit. 1 vol. . . . . 3 fr. 50
Essais de philosophie et de morale. 2ᵉ édit. 2 vol. . . . . 7 fr.

BERTAULD

La Liberté civile. Nouvelles études sur les publicistes. 2ᵉ édit. 1 vol. 3 fr. 50

BERTRAND (GUSTAVE)

Les Nationalités musicales au point de vue du drame lyrique. 1 vol. 3 fr. 50

BEULÉ

Fouilles et Découvertes. 2ᵉ édit. 2 vol. . . . . 7 fr.
Histoire de l'Art grec avant Périclès. 2ᵉ édit. 1 vol. . . . . 3 fr. 50
Phidias. Drame antique. 2ᵉ édition. 1 vol. . . . . 3 fr. 50
Causeries sur l'art. 2ᵉ édit. 1 vol. . . . . 3 fr. 50

BLANCHECOTTE (Mᵐᵉ)

Tablettes d'une femme pendant la Commune. 1 vol. . . . . . . 3 fr. 50
Rêves et Réalités, etc. 3ᵉ édit. (*Ouv. cour. par l'Acad. franç.*) 1 vol. . . 3 fr.
Impressions d'une femme. (*Ouv. couronné par l'Acad. franç.*) 1 vol. . . . 3 fr.

BONHOMME (HONORÉ)

Le dernier abbé de cour. 1 vol. . . . . 3 fr. 50
Madame de Maintenon et sa famille, etc. 1 vol. . . . . 3 fr.

BOILLOT

L'Astronomie au XIXᵉ siècle. Tableau des progrès de cette science jusqu'à nos jours. 2ᵉ édit., augm. d'une nouv. étude sur le *Soleil*. 1 vol. . . 3 fr. 50

BOUILLIER (FRANCISQUE)

Le Principe vital et l'âme pensante. 2ᵉ édit. revue et aug. 1 fort vol. 4 fr.

BROGLIE (ALB. DE)

L'Église et l'Empire romain au IVᵉ siècle. 3 parties en 6 vol. . . . . 21 fr.
Nouvelles Études de littérature et de morale. 2ᵉ édit. 1 vol. . . . 3 fr. 50

BUNSEN (C.-C. J. DE)

Dieu dans l'histoire, trad. par DIETZ, avec notice par HENRI MARTIN. 2ᵉ éd. 1 vol. 4 fr.

CARNÉ (Cᵗᵉ L.)

Souvenirs de ma Jeunesse au temps de la Restauration. 2ᵉ édit. 1 v. 3 fr. 50

CELLER (LUD.)

Les Origines de l'Opéra et le Ballet de la Reine, 1581, etc. 1 vol. . . . . 3 fr.

CÉNAC MONCAUT

Histoire des peuples et des États pyrénéens (France et Espagne), depuis l'époque celtib. jusqu'à nos jours. 3ᵉ édit., augm. de l'étymologie des noms de lieux, etc. 4 vol. in-12 . . . . 16 fr.

CHAIGNET

La Vie et les écrits de Platon. 1 fort vol. . . . . 4 fr.
La Vie de Socrate. 1 vol. . . . . 3 fr.

CHAIGNOLLES (J. DE)

La Mort. *Étude philosophique et chrétienne* à l'usage des gens du monde. 2ᵉ édit. 1 vol. in-12. . . . . 3 fr.

CHAMBRIER (J. DE)

Marie-Antoinette, reine de France. 2ᵉ édit., revue. 2 vol. . . . . 7 fr.
Un peu partout. *Du Danube au Bosphore.* 2ᵉ édit. 1 vol. . . . . 3 fr.

CHANTEPIE (ED.)

Le Personnage humain dans la nature et dans la cité. 1 vol. . . . . . 3 fr.

CHASLES (PHILARÈTE)

Voyages d'un critique à travers la vie et les livres. 1re série, Orient. — 2e série, Italie et Espagne. 2e édit. vol. . . . . 7 fr.

CHASLES (ÉMILE)

Michel de Cervantes. Sa Vie, son temps. 2e édit. 1 vol. . . . . 3 fr. 50

CHASSANG

Le Spiritualisme et l'idéal dans l'art et la poésie des Grecs. 2e édit. 1 vol. 3 fr. 50

Apollonius de Tyane. Sa vie, ses voyages, ses prodiges par Philostrate et ses lettres, trad. du grec, avec notes, etc. 2e édit. 1 vol. . . . . 3 fr. 50

Histoire du Roman dans l'antiquité grecque et latine. (*Ouvrage couronné par l'Académie des inscriptions.*) Nouv. édit. 1 vol. . . . . 3 fr. 50

CHERRIER (CH. DE)

Histoire de Charles VIII, roi de France, d'après des docum. 2e édit. 2 vol. 7 fr.

CHESNEAU (ERNEST)

Les Nations rivales dans l'art. Peinture et Sculpture. 1 vol. . . . . 3 fr. 50

Les Chefs d'école. — La Peinture au XIXe siècle. 1 vol. . . . . 3 fr. 50

L'Art et les Artistes modernes en France et en Angleterre. 1 vol. . . . 3 fr.

CLÉMENT (CHARLES)

Géricault. Étude biographique et critique. 2e édit. 1 vol. . . . . 3 fr. 50

CLÉMENT (PIERRE)

L'Abbesse de Fontevrault. G. de Rochechouart. 2e édit. 1 v., portr. 4 fr.

Madame de Montespan. 2e édition. 1 vol. . . . . 3 fr. 50

La Police sous Louis XIV. 2e édition. 1 vol. . . . . 3 fr. 50

L'Italie en 1671. Relation du marquis de Seignelay, etc. 1 vol. . . . . 3 fr.

Enguerrand de Marigny, *Semblançay, le Chevalier de Rohan.* 2e édit. 1 v. 3 fr.

Jacques Cœur et Charles VII. Étude historique, etc. (*Ouv. couronné par l'Acad. française.*) Nouv. édit. 1 fort vol. . . . . 4 fr.

CLÉMENT (PIERRE) ET LEMOINE (ALFR.)

M. de Silhouette et les derniers fermiers généraux. 1 vol. . . . . 3 fr.

COCHIN (AUG.)

Conférences et lectures. Lincoln, Ulysse Grant, Longfellow, Mme Craven, etc. 3e édit. 1 vol. . . . . 3 fr. 50

COSSOLLES (H. DE)

Du Doute. Introduction à l'apologie du Christianisme. 2e édit. 1 vol. 3 fr. 50

COUSIN (V.)

La Société française au XVIIe siècle, d'après le *Grand Cyrus* de Mlle Scudéry. Nouv. édit. 2 vol. . . . . 7 fr.

Jacqueline Pascal. Premières études, etc. 6e édit. 1 vol. . . . . 3 fr. 50

Madame de Sablé. 3e édit. 1 vol. . . . . 3 fr. 50

La Jeunesse de madame de Longueville. 8e édition. 1 vol. . . . 3 fr. 50

Madame de Longueville pendant la Fronde. 4e édit. 1 vol. . . . . 3 fr. 50

Madame de Chevreuse. 4e édition. 1 vol. . . . . 3 fr. 50

Madame de Hautefort. 3e édit. 1 vol. . . . . 3 fr. 50

Introduction à l'histoire de la Philosophie. (Cours de 1828.) 1 vol. . . 3 fr. 50

Premiers essais de philosophie. (Cours de 1815.) Nouv. édit. 1 v. in-12. 3 fr. 50

Du vrai, du beau et du bien. 18e édit. 1 vol. . . . . 3 fr. 50

Philosophie sensualiste du XVIIIe siècle. Nouv. édit. 1 vol. . . . 3 fr. 50

Histoire générale de la Philosophie, 9e édition, 1 vol . . . . . . 4 fr.

Philosophie de Locke. (Cours de 1830.) Nouv. édit. 1 vol. . . . . . 3 fr. 50

Des Principes de la Révolution française, etc. Nouv. édit. 1 vol . 3 fr. 50

CRAVEN (Mme AUG.)

Fleurange. (*Ouv. couronné par l'Académie française*). 13e édit. 2 vol. 6 fr.

Récit d'une sœur, souvenirs de famille. (*Ouv. couronné par l'Académie française*). 27e édit. 2 vol. . . . . 8 fr.

Anne Séverin. 12e édit. 1 vol. 4 fr.

Adélaïde Capece Minutolo. 6e édit. 1 vol. . . . . 2 fr.

Le Comte de Montalembert. Étude. 1 vol. . . . . 2 fr.

DANTIER

Les Monastères bénédictins d'Italie. Souvenirs, etc. (*Ouv. couronné par l'Académie française.*) 2e édition. 2 vol. . . . . 8 fr.

DAREMBERG

La Médecine. — *Histoire et doctrines.* (*Ouv. couronné par l'Académie française.*) 2e édit. 1 vol. . . . . 3 fr. 50

DE BROSSES (LE PRÉSIDENT)

Le Président de Brosses en Italie. Lettres familières écrites d'Italie, en 1739 et 1740. 3ᵉ édit. 2 vol. . . . . 7 fr.

DELAUNAY (FERD.)

Philon d'Alexandrie. *Écrits historiques*. Trad. et précédés d'une introd., 2ᵉ édit. 1 vol. . . . . 3 fr. 50

DELAVIGNE (CASIMIR)

Œuvres. *Théâtre et poésies*. 4 vol. . . . . 14 fr.

DELÉCLUZE (E. J.)

Louis David. Son école et son temps. Souvenirs. Nouv. éd. 1 vol. . . . 3 fr. 50

DELORME

César et ses contemporains. 1 vol. . . . . 3 fr. 50

DESJARDINS (ARTHUR)

Les Devoirs. Essai sur la morale de Cicéron. (*Ouv. cour. par l'Inst.*) 1 vol. 3 fr. 50

DESJARDINS (ALBERT)

Les Moralistes français au XVIᵉ siècle. (*Ouvrage couronné par l'Institut.*) 2ᵉ édition. 1 fort vol. . . . . 4 fr.

DESJARDINS (ERNEST)

Le Grand Corneille historien. Nouv. édit. 1 vol. . . . . 3 fr.

DESMAZE

Le Châtelet de Paris. Son organisation, etc. 2ᵉ édit., revue. 1 vol. . 3 fr. 50

DESNOIRESTERRES (G.)

Voltaire et la Société du XVIIIᵉ siècle. 4 séries ou vol. comme suit : 1ᵉ *La jeunesse de Voltaire*. — 2ᵉ *Voltaire à Cirey*. — 3ᵉ *Voltaire à la cour*. — 4ᵉ *Voltaire et Frédéric*. 2ᵉ édition. Le vol. . . . . 4 fr.

D'HÉZECQUES (Cᵗᵉ DE FRANCE)

Souvenirs d'un page de la cour de Louis XVI, publiés par le Cᵗᵉ D'HÉZECQUES. 1 vol. . . . . 3 fr.

DIONYS

L'Ame. Son existence, ses manifestations. 1 vol. in-12 . . . . 3 fr. 50

DU CAMP (MAXIME)

Orient et Italie, souvenirs de voyages et de lectures. 1 vol. . . . . . 3 fr. 50

DUMONT (ALB.)

L'Administration et la propagande prussiennes en Alsace. 1 vol. . . 3 fr.

DUPONT (LÉONCE)

La Commune et ses auxiliaires devant la Justice. 1 vol. . . . . 3 fr.

ERNOUF (BARON)

Souvenirs de la Terreur. Mémoires d'un curé de campagne. 1 vol. . . . 3 fr.
Les Français en Prusse, 1807. D'après les documents contemp. 1 vol. 3 fr.
Le Général Kléber. Mayence, Vendée, Allemagne, Égypte. 1 vol. . . . . 3 fr.

FALLOUX (Cᵗᵉ DE)

Madame Swetchine. *Sa vie et ses œuvres*. Nouv. édit. 2 vol., ornés d'un portrait. . . . . 8 fr.
Madame Swetchine. *Lettres complètes*. 4ᵉ édit. 3 forts vol. . . . . . 12 fr.
Correspondance du R. P. Lacordaire et de Mᵐᵉ Swetchine. 7ᵉ éd. 1 v. 4 fr.
Louis XVI, 4ᵉ édit. 1 vol. . . . . 3 fr. 50

FEILLET (ALPH.)

La Misère au temps de la Fronde et saint Vincent de Paul. 5ᵉ édit. revue 1 vol. . . . . 3 fr. 50

FÉNELON

Aventures de Télémaque et d'Aristonoüs, précédées d'une Étude par M. VILLEMAIN. Nouv. édit., ornée de 24 vignettes. 1 vol. . . . . 3 fr.

FERRARI

La Chine et l'Europe. Leur histoire et leurs traditions comparées. 2ᵉ édit., 1 fort vol. . . . . 4 fr.

FERRAZ

Philosophie du devoir. (*Ouv. couronné par l'Acad. franç.*). 2ᵉ éd. 1 vol. 3 fr. 50

FEUGÈRE (LÉON)

Caractères et Portraits littéraires du XVIᵉ siècle. 2 vol. . . . . . 7 fr.
Les Femmes poëtes du XVIᵉ siècle etc. 3ᵉ édit. 1 vol. . . . . . 3 fr. 50

FLAMMARION

Récits de l'Infini. — *Lumen*, etc. 4e édit. 1 vol. . . . . 3 fr. 50
Sir Humphry Davy. *Les derniers jours d'un philosophe.* Ouv. traduit de l'anglais et annoté par C. Flammarion. 5e édit. 1 vol. . . . . 3 fr. 50
Dieu dans la nature. 10e édit. 1 fort vol. avec portrait. . . . . 4 fr.
La Pluralité des mondes habités, au point de vue de l'astronomie, de la physiologie et de la philosophie naturelle. 19e édit. 1 vol. fig. . . . . . . 3 fr. 50
Les Mondes imaginaires et les Mondes réels. Voyage astronom., pittor. et Revue critique des théories sur les habitants des astres. 11e édit. 1 v. Fig. 3 fr. 50

FOURNEL (VICTOR)

La Littérature indépendante et les Écrivains oubliés. Essais de critique et d'érudition sur le XVIIe siècle. 1 vol. . . . . 3 fr. 50

FRANCK (AD.)

Philosophie et Religion. 2e édit. 1 vol. . . . . 3 fr. 50

GAILLARD (LÉOPOLD)

Les Étapes de l'Opinion, 1871-1872. 1 vol. . . . . 3 fr. 50

GALITZIN (LE PRINCE AUG.)

La Russie au XVIIIe siècle. Mémoires inédits sur Pierre le Grand, Catherine Ire et Pierre III. 2e édition. 1 vol. . . . . 3 fr. 50

GANDAR

Bossuet orateur. (*Ouv. couronné par l'Acad. franç.*) 2e édit. 1 vol. . 3 fr. 50
Choix de Sermons de la jeunesse de Bossuet. 2e édit. 1 vol., fac-s. 3 fr. 50

GARCIN (EUG.)

Les Français du Nord et du Midi. 2e édit. 1 vol. in-12. . . . . 3 fr.

GEFFROY

Gustave III et la Cour de France. (*Ouvrage couronné par l'Académie française.* 2e édit. 2 vol., ornés de portraits et fac-simile. . . . . 8 fr.

GERMOND DE LAVIGNE

Le Don Quichotte de F. Avellaneda. Trad. avec notes. 1 vol. . . . . . 3 fr.

GÉRUZEZ

Histoire de la Littérature française depuis ses origines jusqu'à la Révolution. (*Ouv. cour. par l'Académie française*, 1er *prix Gobert.*) 10e édit. 2 vol. . . 7 fr.

GIDEL

Les Français du XVIIe siècle. 1 vol. . . . . 3 fr. 50

SAINT-MARC GIRARDIN

La Syrie en 1861. Condition des Chrétiens en Orient. 1 vol. . . . . . . 3 fr.
Tableau de la littérature française au XVIe siècle. 5e édit. 1 vol. . 3 fr. 50

GOBINEAU (Cte DE).

Les Religions et les Philosophies dans l'Asie centrale. 2e édit. 1 vol. 4 fr.

GONCOURT (E. ET J. DE)

Histoire de la société française pendant la Révolution et pendant le Directoire. Nouvelle édition. 2 vol. in-12. . . . . 7 fr.

GRIMAUD DE CAUX

L'Académie des Sciences pendant le siége de Paris. Septembre 1870, février 1871. 1 vol. . . . . 3 fr.

GRUN

Pensées des divers âges de la vie. Nouv. édit. 1 vol. . . . . 3 fr.

GUADET

Les Girondins. Leur vie privée et publique, leur proscription et leur mort. 2e édit. 2 vol. . . . . 7 fr.

EUGÉNIE DE GUÉRIN

Journal et Fragments, publiés par Trebutien. (*Ouvrage couronné par l'Académie française.*) 28e édition. 1 vol. . . . . 3 fr. 50
Lettres d'Eugénie de Guérin. 17e édit. 1 vol. . . . . 3 fr. 50
Étude sur Eugénie de Guérin par Aug. Nicolas. Broch. . . . . 50 c.

MAURICE DE GUÉRIN

Journal, Lettres et Fragments, publiés par Trebutien, avec une Étude par M. Sainte-Beuve. 15e édit. 1 vol. . . . . 3 fr. 50

GUIZOT

Histoire de la Révolution d'Angleterre, depuis l'avénement de Charles Ier jusqu'au rétablissement des Stuarts (1625-1660). 6 vol. en trois parties. . . . 21 fr.
Monk. Chute de la République, etc. Étude historique. 1 vol. . . . 3 fr. 50
Portraits politiques des hommes des divers partis : *Parlementaires, Cavaliers, Républicains, Niveleurs;* études historiques. 1 vol.. . . . . 3 fr. 50
Sir Robert Peel. Étude d'hist. contemp. augm. de docum. inéd. 1 vol. 3 fr. 50
Essais sur l'Histoire de France, etc. Nouv. édit. 1 vol.. . . . . . 3 fr. 50
Histoire de la civilisation en Europe et en France, depuis la chute de l'Empire romain, etc. 12e édit. 5 vol.. . . . . 17 fr. 50
Corneille et son temps. Étude littéraire suivie d'un *Essai sur Chapelain, Rotrou et Scarron*, etc. Nouv. édit. 1 vol. . . . . 3 fr. 50
Méditations et Études morales. Nouv. édit. 1 vol. . . . . 3 fr. 50
Études sur les Beaux-Arts en général. Nouv. édit. 1 vol. . . . . . 3 fr. 50
Discours académiques ; *Discours prononcés au Concours général*, etc. 1 v. 3 fr. 50
Abailard et Héloïse. Essai historique par M. et Mme Guizot, suivi des *Lettres d'Abailard et d'Héloïse*, trad. par M. Oddoul. Nouv. édit. 1 vol. . . . . 3 fr. 50
Histoire de Washington, par M. C. de Witt, avec une Introduction par M. Guizot. Nouv. édit. 1 vol. avec carte. . . . . 3 fr. 50
Grégoire de Tours et Frédégaire. — Histoire des Francs et chronique, trad. Nouv. édit. revue et augmentée de la *Géographie de Grégoire de Tours et de Frédégaire*, par M. Alfred Jacobs. 2 vol.. . . . . 7 fr.
Cet ouvrage est autorisé pour les Écoles publiques.
Shakspeare. Œuvres complètes. 8 vol. . . . . 28 fr.

GUIZOT (GUILLAUME)

Ménandre. Étude historique et littéraire sur la Comédie et la Société grecques. (*Ouvrage couronné par l'Académie française.*) 1 vol. avec portrait. . . . 3 fr. 50

A. HAYEM

Le Mariage. (*Mention honorable de l'Acad. des sciences morales.*) 1 v. 3 fr. 50

HAYEM (JULIEN)

Le Repos hebdomadaire. (*Ouv. cour. par l'Ac. des Sciences mor.*) 1 vol. 3 fr.

HÉRICAULT (CH. D')

Thermidor. *Paris et la Banlieue en 1794.* 2 vol. . . . . 6 fr.

HIPPEAU

L'Instruction publique aux États-Unis. 2e édit. 1 fort vol. . . . . 4 fr.
L'Instruction publique en Angleterre. 1 vol. . . . . 1 fr. 25
L'Instruction publique en Allemagne. 1 vol. . . . . 3 fr. 50

HOEFER (F.)

L'Homme devant ses œuvres. 1 vol. . . . . 3 fr. 50

HOMMAIRE DE HELL (Mme)

A travers le monde. — *La vie orientale; — La vie créole.* 1 vol. . . . 3 fr. 50
Les Steppes de la mer Caspienne. 2e édition. 1 volume . . . . 3 fr. 50

HOUSSAYE (ARSÈNE)

Les Charmettes. *J.J. Rousseau et Madame de Warens.* Nouv. éd. 1 v. port. 3 fr. 50

HOUSSAYE (HENRY)

Histoire d'Apelles. Études sur l'art grec. 3e édit. 1 vol. . . . . 3 fr. 50

HUREL (ABBÉ)

L'Art religieux contemporain. Étude critique. 2e édition. 1 vol. . . . 3 fr. 50
Pécheurs et Pécheresses de l'Évangile. 1 vol. in-12. . . . . 2 fr.

J. JANIN

La Poésie et l'Éloquence à Rome au temps des Césars. Nouv. éd. 1 vol. . 3 fr. 50

JANOLIN (CH.)

L'Aïeul. Du but et des principales carrières de la vie. 1 vol. . . . . . . 3 fr.

JOHANET (H.)

Une Descente aux enfers. — Le golfe de Naples. Virgile et le Tasse. Avec une carte des enfers. 1 vol. . . . . 3 fr.

JOUBERT

Œuvres : *Pensées et correspondance* avec notice par P. de Raynal, et de jugements littéraires par Sainte-Beuve, Saint-Marc Girardin, de Sacy, Géruzez et Poitou. Nouv. édit. 2 vol.. . . . . 7 fr.

JOULIN (Dr)

Les Causeries du Docteur. 2e édit. augmentée. 1 vol. . . . . 3 fr.

JULIEN (STANISLAS)

Yu-kiao-li. — *Les Deux cousines*, — roman chinois. 2 vol. . . . . 7 fr.
Les Deux jeunes Filles lettrées. Roman traduit du chinois. 2 vol. . . . 7 fr.

LAGRANGE (Mlle DE)

Laurette de Malboissière. Correspondance d'une jeune fille du temps de Louis XV. 1 vol. . . . . 3 fr. 50

LAGRANGE (LÉON)

Pierre Puget, peintre, sculpteur, etc. 2e édit. 1 vol. . . . . 3 fr. 50
Joseph Vernet et la Peinture au XVIIIe siècle. 2e édit. 1 vol. . . . . . 3 fr. 50

LA MENNAIS

Correspondance de La Mennais, publ. par M. Forgues. Nouv. édit. 2 v. 3 fr.

LA MORVONNAIS

La Thébaïde des Grèves. — *Reflets de Bretagne.* Nouv. édit. 1 vol. 3 fr. 50

LANNAU-ROLLAND

Michel-Ange et Vittoria Colonna. Étude suivie de la traduct. complète des poésies de Michel-Ange. Nouv. édit. 1 vol. . . . . 3 fr.

LA BORDERIE (ARTH. DE)

Les Bretons insulaires et les Anglo-saxons, du Ve au VIIe siècle. 1 vol. 3 fr.

LA PILORGERIE (J. DE)

Campagne et Bulletins de la grande armée d'Italie commandée par Charles VIII, d'après des documents rares ou inédits. 1 vol. . . . . 3 fr. 50

LAPRADE (VICTOR DE)

Poëmes civiques. 2e édit. 1 vol. . . . . 3 fr. 50
L'Éducation libérale. — L'Hygiène, la morale, les études. 1 vol. . . 3 fr. 50
Harmodius. Tragédie. 1 vol. . . . . 2 fr.
Pernette, poëme. 5e édit. 1 vol. . . . . 3 fr. 50
Le Sentiment de la nature av. le christian. et chez les mod. 2e éd. 2 vol. 7 fr.
Questions d'Art et de Morale. Nouv. édit. 1 vol. . . . . 3 fr. 50

LA TOUR (ANT. DE)

Espagne. Traditions, Mœurs et littérature. 1 volume . . . . 3 fr. 50

LE BLANT (ED.)

Manuel d'Épigraphie chrétienne, d'après les marbres de la Gaule. 1 vol. . 3 fr.

LEBRUN (PIERRE)

Œuvres poétiques et dramatiques. Nouv. édit. 4 vol. . . . . 14 fr.

LEGER (LOUIS)

Le Monde slave. Voyages et littérature. 1 vol. . . . . 3 fr. 50

LEGOUVÉ

Théâtre complet, en vers. 1 vol. . . . . 3 fr. 50
Histoire morale des Femmes. 5e édition. 1 vol. . . . . 3 fr. 50
Édith de Falsen, etc. 7e édit. 1 vol. . . . . 3 fr.

LÉLUT

Physiologie de la pensée. Nouv. édit. 2 vol. in-12. . . . . 7 fr.

LEMOINE (ALBERT)

L'Ame et le Corps. Études de philosophie morale et naturelle. 1 vol. . 3 fr. 50
L'Aliéné devant la philosophie, la morale et la société. 2e édit. 1 vol. . . . 3 fr. 50

LE MONNIER (ABBÉ)

Rosa Ferrucci, sa vie et ses lettres, traduct. avec introduction. 1 vol. . 3 fr.

LENORMANT (CH.)

Essais sur l'Instruction publique, publiés par son fils. 1 vol. . . . 3 fr. 50

LENORMANT (FR.)

Turcs et Monténégrins. 1 vol. in-12. . . . . 3 fr. 50

LÉPINOIS (H. DE)

Le Gouvernement des papes et les révolutions. 2e édit. 1 vol . . . . 3 fr. 50

LESCŒUR (LE PÈRE)

La Science du Bonheur. 1 vol. . . . . 3 fr. 50

LESSING

Dramaturgie de Hambourg. Trad. de L. Crouslé et Suckau, avec une Étude par Alf. Mézières. 2e édit. 1 vol. . . . . 4 fr.

J. LEVALLOIS

Sainte-Beuve, 1 vol. . . . . 3 fr.
Etudes de philosophie littéraire. 1 vol. . . . . 3 fr.

LEVY (DANIEL)

L'Autriche-Hongrie. Ses institutions et ses nationalités. 1 vo. . . . . . 3 fr.

LITTRÉ

La Science au point de vue philosophique. 3e édit. 1 fort vol. . . . 4 fr.
Médecine et médecins. 2e édit. 1 vol. . . . . 4 fr.
Histoire de la langue française. 6e édit. 2 vol. . . . . 7 fr.
Études sur les Barbares et le moyen âge. 2e édit. 1 vol. . . . . 3 fr. 50

LIVET (CH. L.)

Précieux et Précieuses. Caractères du XVIIe siècle. 2e édit. 1 vol. . . 3 fr. 50

LOISELEUR (J.)

Ravaillac et ses complices, etc. Questions historiques du XVIe siècle. 1 v. 3 fr. 50

LOPE DE VEGA

Œuvres dramatiques. Trad. d'Eug. Baret. 2 vol. . . . . 7 fr.

LOVE (J.H.)

Le Spiritualisme rationel à propos des moyens d'arriver à la connaissance, etc. 1 vol. . . . . 3 fr. 50

LUBOMIRSKI (PRINCE JOS.)

Un nomade. Safar-Hadgi. 1 vol . . . . 3 fr.
Scènes de la vie militaire en Russie. 2e édit. 1 vol. . . . . 3 fr.

LUCAS

Le Procès du matérialisme. Étude philosophique. 1 vol. . . . . 3 fr.

MARGERIE (A. DE)

La Restauration de la France. 3e édition. 1 vol. . . . . 3 fr. 50
Philosophie contemporaine. — Cousin. — Ravaisson. — Les Matérialistes etc. 1 vol. . . . . 3 fr. 50

MARMIER (XAV.)

Souvenirs d'un voyageur. (*Amérique-Allemagne*). 1 vol. . . . . . 3 fr. 50

MARTIN (TH. HENRY)

Les Sciences et la Philosophie. Critique philos. et relig. 1 fort vol. 4 fr. »
Galilée. Les droits de la science, etc. 1 vol. . . . . 3 fr. 50
La Foudre, l'Électricité et le Magnétisme chez les anciens. 1 vol. 3 fr. 50

MARY *** (Dr)

Le Christianisme et le Libre Examen. Discussion critique des arguments apologétiques. 2e édition. 2 vol. . . . . 7 fr. »

MATTER

Le Mysticisme au temps de Fénelon. 2e édit. 1 vol. . . . . . . 3 fr. 50
Saint-Martin, le Philosophe inconnu, etc. 2e édition. 1 vol. . . . . 3 fr. 50
Swedenborg, sa vie, sa doctrine, etc. 2e édition. 1 vol. . . . . 3 fr. 50

MATHIEU

Histoire des Convulsionnaires de St-Médard. 1 vol. . . . . 3 fr.

MAURY (ALFRED)

Les Académies d'autrefois. 2 vol. in-12.
— *L'ancienne Académie des sciences*. 2e édition. 1 vol. . . . . 3 fr. 50
— *L'ancienne Académie des inscriptions et belles-lettres*. 1 vol. . . . 3 fr. 50
Croyances et légendes de l'antiquité. 2e édition. 1 vol. . . . . . 3 fr. 50
La Magie et l'Astrologie dans l'antiquité et au moyen âge. 3e éd. 1 vol. . 3 fr. 50
Le Sommeil et les Rêves. 3e édit. revue et augm. 1 vol. . . . . . 3 fr. 50

MAZADE (CH. DE)

Lamartine, sa vie politique et littéraire. 1 vol. . . . . 3 fr. »
Les Révolutions de l'Espagne contemporaine. 1 vol. . . . . . . 3 fr. 50

MEAUX (VICOMTE DE)

La Révolution et l'Empire, 1789-1815. 2e édit. 1 vol. in-12. . . . . 3 fr. 50

MENARD

La Sculpture ancienne et moderne. (*Ouvr. cour. par l'Acad. des Beaux-Arts*. 2e édition. 1 volume. 3 fr. 50
Tableau historique des Beaux-Arts, depuis la Renaissance. (*Ouvr. cour. par l'Acad. des Beaux-Arts*.) 2e édition. 1 vol. . . . . 3 fr. 50
Hermès Trismégiste, traduction et étude. 2e édition. 1 vol. . . . . 3 fr. 50

MENNESSIER-NODIER (Mme)

Charles Nodier. Épisodes et souvenirs de sa vie. 1 vol. . . . . 3 fr.

MERCIER DE LACOMBE (CH.)

Henri IV et sa politique (*Ouvrage couronné par l'Académie française, 2e prix Gobert*.) Nouv. édit. 1 vol. . . . . 3 fr. 50

MERLET (G.)

Portraits d'hier et d'aujourd'hui. 4 séries. — 1° *Réalistes et Fantaisistes.* 1 vol. — 2° *Attiques et Humoristes.* 1 vol. — 3° *Femmes et livres.* 1 vol. — 4° *Hommes et livres.* 1 vol. — 4 vol. à . . . . 3 fr

MÉZIÈRES

Récits de l'Invasion. *Alsace et Lorraine.* 1 vol. . . . . 2 fr. 50
La Société française. — Études morales sur le temps présent. . . . . 1 fr. 25
Pétrarque. Étude d'après de nouveaux documents. (*Ouvrage couronné par l'Académie française.*) 2e édit. 1 vol. . . . . 3 fr. 50

MICHAUD (L'ABBÉ)

Guillaume de Champeaux et les écoles de Paris au XIIe siècle. 2e éd. 1 vol. 3 fr. 50
L'Esprit et la Lettre dans la piété et la foi. 2 vol. . . . . 6 fr

MIGNET

Éloges historiques, faisant suite aux *Portraits et Notices.* 1 vol. . . 3 fr. 50
Charles-Quint, SON ABDICATION, SON SÉJOUR ET SA MORT AU MONASTÈRE DE YUSTE. 7e édit. 1 vol. . . . . 3 fr. 50
Histoire de la Révolution française depuis 1789 jusqu'à 1814. 10e édit. 2 vol. in-12. . . . . 7 fr. »

MOLAND (LOUIS)

Les Méprises. Comédies de la Renaissance racontées. 1 vol. . . . . . 3 fr. 50
Molière et la Comédie italienne. 2e édit. 1 joli vol. illustré de 20 types. 4 fr.
Origines littéraires de la France. 2e édit. 1 vol. . . . . 3 fr. 50

MONTALEMBERT

De l'Avenir politique de l'Angleterre. 6e édit. augmentée. 1 vol. . . 3 fr. 50

MOREAU DE JONNÈS

L'Océan des anciens et les **Peuples préhistoriques.** 1 vol. . . . . 3 fr. 50

MOUY (CH. DE)

Don Carlos et Philippe II (*ouv. cour. par l'Acad. franç.*). 1 vol. . . . 3 fr. 50

MAX MULLER

Essais sur la mythologie comparée, etc. 2e édition. 1 vol. . . . . . 4 fr.
Essais sur l'Histoire des religions. 2e édition. 1 vol. . . . . 4 fr.

NIGHTINGALE (MISS)

Des Soins à donner aux malades, etc. Trad. de l'anglais avec une lettre de M. GUIZOT et une Introduction par le Dr DAREMBERG. 1 vol. . . . . 3 fr.

NOURRISSON (F.)

L'ancienne France et la Révolution. 1 vol. . . . . 3 fr. 50
Tableau des progrès de la pensée humaine depuis Thalès jusqu'à Hegel. 4e édit. augm. 1 vol. . . . . 4 fr.
Philosophie de saint Augustin (*ouv. cour. par l'Institut*). 2e édit. 2 vol. 7 fr.
La Politique de Bossuet. 1 vol. . . . . 3 fr.
Spinosa et le Naturalisme contemporain. 1 vol. . . . . 3 fr.
Portraits et Études. Histoire et Philosophie. Nouv. édit. 1 vol. . . . . 3 fr.

D'ORTIGUE (J.)

La Musique à l'église. Philosophie, littérat., critique musicale. 1 vol. . 3 fr. 50

PELLISSIER

Précis d'histoire de la Langue française depuis son origine jusqu'à nos jours. 2e édit. revue et augmentée de *textes anciens.* 1 vol. . . . . . . 3 fr

PENQUER (Mme)

Les Chants du foyer. Poésies. 2e édition. 1 vol. . . . . 3 fr. 50
Révélations poétiques. 2e édit. 1 vol. . . . . 3 fr. 50

PEZZANI (A.)

La Pluralité des existences de l'Âme conforme à la doctrine de la Pluralité des Mondes ; opinions des philosophes anciens et modernes. 6e éd. 1 vol. . . 3 fr. 50
Philosophie nouvelle. 1 vol. . . . . 2 fr

PIERRON (ALEXIS)

Voltaire et ses Maîtres. Épisode de l'histoire des humanités en France. 1 vol. 3 fr.

PLUTARQUE

Œuvres morales. Traduction de RICARD. 5 vol. . . . . 17 fr. 50

PRELLER

Les Dieux de l'ancienne Rome.— Mythologie romaine, traduction par L. Dietz, avec préface de M. Alf. Maury. 2ᵉ édition. 1 fort vol. . . . . . . 4 fr.

PRIVAT

Les Idoles du jour. Roman moral. 1 vol. . . . . 2 fr.

PUYMAIGRE (TH. DE)

Chants populaires recueillis dans le pays messin, et annotés. 1 fort vol.. 4 fr.

RAMBAUD

Les Français sur le Rhin, 1792-1804. La domination française en Allemagne. 1 vol. . . . . 3 fr. 50

L'Allemagne sous Napoléon Iᵉʳ (1804-1811). 1 vol . . . . 3 fr. 50

RANGABÉ

Le prince de Morée. Traduction autorisée. 1 vol. . . . . 3 fr

RAYNAUD (M.)

Les Médecins au temps de Molière. — Mœurs. — Institutions. — Doctrines Nouv. édition. 1 vol. . . . . 3 fr. 50

RÉAUME.

Les Prosateurs français du XVIᵉ siècle. 2ᵉ édit. 1 vol. . . . . 4 fr.

RÉMUSAT (CH. DE)

Lord Herbert de Cherbury. Sa vie et ses œuvres, etc. 1 vol.. . . . 3 fr. 50

Saint Anselme de Cantorbéry. 2ᵉ édition. 1 volume.. . . . . 3 fr. 50

Bacon. Sa vie, son temps et sa philosophie. 1 vol. . . . . 3 fr. 50

L'Angleterre au XVIIIᵉ siècle. Études et Portraits. 2 vol. . . . 7 fr. »

Critiques et Études littéraires. Nouv. édition. 2 vol.. . . . . 7 fr. »

★ ★ ★

Channing. Sa vie et ses œuvres, préface de M. de Rémusat. 1 vol. . . . 3 fr. 50

La Vie de village en Angleterre, ou Souvenirs d'un exilé. 1 v. . . . 3 fr. 50

RENDU (AMB.)

Souvenirs de la Mobile. Campagne de Paris. 1 vol. . . . . 2 fr. 50

REYNALD (H.)

Mirabeau et la Constituante. (*Ouvr. cour. par l'Acad. franç.*) 1 vol. 3 fr. 50

RONDELET (ANT.)

La Morale de la Richesse. 1 vol. . . . . 3 fr. 50

Du Spiritualisme en économie politique. (*Ouvrage couronné par l'Académie des sciences morales.*) 2ᵉ édit. 1 vol. . . . . 3 fr. 50

ROUSSET (C.)

La Grande Armée de 1813. 1 vol. . . . . 3 fr. 50

Les Volontaires. 1791-1794. 3ᵉ édit. 1 vol. . . . . 3 fr. 50

Le Comte de Gisors. Étude historique. 2ᵉ édition. 1 vol.. . . . . . . 3 fr. 50

Histoire de Louvois et de son administration, etc. (*Ouvrage couronné par l'Académie française, 1ᵉʳ prix Gobert.*) Nouvelle édition. 4 vol. in-12. . 14 fr.

SACY (S. DE)

Variétés littéraires, morales et historiques. Nouv. édit. 2 vol. . . . . . 7 fr.

SAINTE-AULAIRE (Mᵐᵉ DE)

La Chanson d'Antioche, composée par Richard le Pèlerin, trad. 1 vol. 3 fr.

SAINT-HILAIRE (BARTH.)

Le Bouddha et sa religion. 3ᵉ édit. revue et corrigée. 1 vol. . . . . 3 fr. 50

Mahomet et le Coran. 2ᵉ édit. 1 vol. . . . . 3 fr. 50

SAISSET

Descartes, ses Précurseurs, ses Disciples. 2ᵉ édition. 1 vol. . . . 3 fr. 50

Le Scepticisme. Ænésidème, Pascal, Kant, etc. 2ᵉ édit. 1 vol. . . . 3 fr. 50

SALVANDY

Don Alonso, ou l'Espagne. Histoire contemporaine. Nouv. édit. 2 vol. . . . 7 fr.

SCHILLER

Œuvres dramatiques complètes. Traduction de M. de Barante, revue par M. de Suckau. 3 vol. in-12.. . . . . 10 fr. 50

SCHNITZLER

La Russie en 1812. —*Rostovtchine et Kutusof.* Nouv. édit. 1 vol.. . . . . 3 fr.

SÉGUR

Histoire universelle. Ouv. adopté par l'Université. 8ᵉ édit. 6 vol. in-12. 18 fr.
— **Histoire ancienne.** Nouv. édit. 2 vol. . . . . 6 fr.
— **Histoire romaine.** Nouv. édit. 2 vol. . . . . 6 fr.
— **Histoire du Bas-Empire.** Nouv. édit. 2 vol. . . . . 6 fr.

SELDEN (CAMILLE)

L'Esprit moderne en Allemagne. 1 vol. . . . . 3 fr.

SHAKSPEARE

Œuvres complètes. Traduction de M. GUIZOT. 8 vol. in-12 . . . . 28 fr.

SAINT-RENÉ TAILLANDIER

Bohême et Hongrie. Tchèques et Magyars, etc., 2ᵉ édit. 1 vol. . . . . 3 fr. 50
Drames et romans de la vie littéraire. 1 vol. . . . . 3 fr.

ALEX. SOREL

Le Couvent des Carmes et le Séminaire Saint-Sulpice pendant la Terreur 2ᵉ édit. 1 vol. avec fig. . . . . 3 fr. 50

THIERRY (AMÉDÉE)

Histoire des Gaulois depuis les temps les plus reculés jusqu'à l'entière domination romaine. Nouv. édit. 2 vol.. . . . . 7 fr.
Histoire de la Gaule sous la domination romaine, jusqu'à la mort de Théodose. 3ᵉ édit. 2 vol. . . . . 7 fr.
Histoire d'Attila et de ses successeurs en Europe. 4ᵉ éd. 2 v. (*Sous presse*).
Tableau de l'Empire romain, depuis la fondation de Rome, etc. Nouv. édit. 1 vol.. . . . . 3 fr. 50
Récits de l'Histoire romaine au Vᵉ siècle. Derniers temps de l'empire d'Occident. Nouv. édit. 1 vol. . . . . 3 fr. 50

THURET (Mᵐᵉ)

Le comte d'Elcairet. 1 vol. . . . . 3 fr.

TONNELLE (ALF.)

Fragments sur l'art et la philosophie, suivis de notes et de pensées diverses, recueillis et publiés par HEINRICH. 3ᵉ édit. 1 vol. . . . . 3 fr. 50

TOPIN (MARIUS)

L'Europe et les Bourbons sous Louis XIV. (*Ouvrage couronné par l'Académie française : Prix Thiers.*) — 2ᵉ édit. 1 vol. . . . . 3 fr. 50
L'Homme au masque de fer. (*Ouvrage couronné par l'Académie française.*) 4ᵉ édit. 1 vol. . . . . 3 fr. 50

VALBEZEN (E. D.)

La Veuve de l'Hetman. 1 vol. 3 fr

VALROGER (H. DE)

La Genèse des Espèces. Études phil. et relig. sur les naturalistes. 1 v. 3 fr. 50

VILLEMAIN

La République de Cicéron, trad. avec une Introd. et des Suppl. hist. 1 v. 3 fr. 50
Choix d'Études SUR LA LITTÉRATURE CONTEMPORAINE : *Rapports académiques. Études sur Chateaubriand, A. de Broglie, Nettement*, etc. 1 vol. . . . . 3 fr. 50
Cours de Littérature française, comprenant : le *Tableau de la Littérature au XVIIIᵉ siècle* et le *Tableau de la Littérature au moyen âge*. Nouvelle édition. 6 vol. in-12. . . . . 21 fr.
Tableau de l'éloquence chrétienne au IVᵉ siècle, etc. Nouv. éd. 1 vol. 3 fr. 50
Discours et Mélanges littéraires : *Éloges de Montaigne et de Montesquieu. — Rapports et Discours académiques.* Nouv. édit. 1 vol. . . . . 3 fr. 50
Études de Littérature ancienne et étrangère : Nouv. édit. 1 vol. 3 fr. 50
Études d'Histoire moderne. Nouv. édit. 1 vol. . . . . 3 fr. 50
Souvenirs contemporains d'Histoire et de Littérature. 2 vol. in-12. . 7 fr. »
— Première partie : **M. de Narbonne,** etc. Nouv. édit. 1 vol. . . . . . . 3 fr. 50
— Deuxième partie : **Les Cent-Jours.** Nouv. édit. 1 vol. . . . . 3 fr. 50

VILLEMARQUÉ (H. DE LA)

Barzaz Breiz. Chants populaires de la Bretagne, recueillis et annotés 7ᵉ édit. (*Ouvr. couronné par l'Académie française.*) 1 vol. avec musique. 4 fr.
Le Grand Mystère de Jésus, drame breton du moyen âge, avec une Étude sur le théâtre celtique. 2ᵉ édit. 1 vol. . . . . 3 fr. 50
La Légende celtique et la Poésie des Cloîtres bretons. Nouv. édit. 1 vol. 3 fr. 50
L'Enchanteur Merlin (Myrdhinn). Son histoire, ses œuvres, son influence. Nouv. édit 1 vol. . . . . 3 fr. 50

WIDAL (A.)

Juvénal et ses Satires. Études littéraire et morale. 2e édit. 1 vol.. . 3 fr. 50

WADDINGTON (CH.)

Dieu et la Conscience. 2e édit. 1 vol. in-12. . . . . 3 fr. 50

WITT (C. DE)

Études sur l'histoire des États-Unis d'Amérique. 2 vol. in-12.. . . 7 fr.

— **Histoire de Washington** *et de la fondation de la République des États-Unis*, avec une Etude par M. Guizot. Nouv. édit. 1 vol. avec carte. . . . . . 3 fr. 50

— **Thomas Jefferson.** *Étude sur la démocratie américaine.* Nouvelle édition. 1 vol. in-12. . . . . 3 fr. 50

WOGAN (Bon DE)

Du Far West à Bornéo. 1 vol.. 3 fr.

ZELLER

Les Tribuns et les Révolutions en Italie. 1 vol. . . . . 3 fr. 50

Les Empereurs romains. Caractères et portraits historiques. 3e édition. 1 vol. in-12.. . . . . 3 fr. 50

Entretiens sur l'histoire. — Antiquité et moyen-âge. (*Ouvrage couronné par l'Académie française.*) 2 vol. 7 fr.

Entretiens sur l'histoire. — Italie et Renaissance. 1 fort vol.. . . . . 4 fr.

H. BAILLIÈRE

Henri Regnault (1843-1871). 1 vol. in-16 Elzév. avec un dessin à la plume. 2 fr. 50

★★★

Précis historique des révolutions qui se sont succédé en France depuis 1789, jusqu'à la chute du second Empire, par un ancien avocat. 1 v. in-12. 2 fr.

COLLECTION POUR LES BIBLIOTHÈQUES POPULAIRES

à 1 fr. 25 et 1 fr. 50 le volume

Le chancelier de l'Hospital, par Villemain. 1 vol.
Sully, par Legouvé. 1 vol.
Vie de Copernic, par C. Flammarion. 1 vol.
La Réforme électorale en France, par Ern. Naville. 1 vol.
Les grandes Figures nationales et les héros du peuple, par Preseau. 2 vol.
La Centralisation et ses effets, par Odilon Barrot. 1 vol.
L'Organisation judiciaire en France, par Odilon Barrot 1 vol..
Vie de Franklin, par Mignet. 1 vol. in-12.
Histoire de Jeanne d'Arc, par M. de Barante. 1 vol. in-12.
Shakspeare et son temps, par Guizot. 1 vol. in-12.
Le Cardinal de Retz, par Marius Topin. 1 vol.
Le Cardinal de Bérulle, par Nourrisson. 1 vol. in-12.
La Souveraineté nationale, par Nourrisson. 1 vol.
L'Instruction publique en Angleterre, par Hippeau. 1 vol.
Les Théories de l'Internationale, par G. Guéroult. 1 vol.
La Société française, par Mézières. 1 vol. in-12.
Mémoires d'Antoine, par Rondelet. Edition réduite. 1 vol.
L'Éducation homicide, par V. de Laprade. 1 vol. in-12.
Le Baccalauréat et les études classiques, par V. de Laprade. 1 vol. in-12
Les idées subversives de notre temps, par Ch. Louandre. 1 vol.

Tableau du Monde physique. Excursions à travers la science, par N. Jacquinet. Nouvelle édition revue. 1 vol. in-12. . . . . 2 fr.

BIBLIOTHÈQUE DES DAMES ET DES DEMOISELLES

Format in-12

(Cette collection se trouve également reliée tr. dorée, rouge ou bleue. Ajouter 2 fr. pour la reliure.)

Mme CRAVEN

Récit d'une sœur, (*Ouv. cour. par l'acad. franç*). 2 vol. . . . 8 fr.
Anne Séverin. 1 vol. . . . . . 4 fr.
Adelaïde Capece Minutolo. 1 v. 2 fr.
Fleurange. (*Ouv. cour. par l'Acad. française*. 2 vol. . . . . 6 fr.

Mme SWETCHINE

Sa Vie et ses œuvres, publiées par M. de Falloux. 2 vol. avec port. 8 fr.

MAURICE ET EUGÉNIE DE GUÉRIN

Journal, lettres et poëmes. 5 vol. à . . . . 3 fr. 50

ROSA FERRUCCI

Sa vie et ses lettres, trad. avec une étude par M. l'abbé Lemonnier. 2e éd. 1 vol. . . . . 3 fr.

Mme D'ARMAILLÉ

Marie-Thérèse et Marie-Antoinette. 2e édition. 1 vol. . . . . . . 3 fr.
Catherine de Bourbon. 1 vol. 3 fr.
La reine Marie Leckzinska. 1 v. 2 f.

Mme MARIE JENNA

Enfants et Mères, poésies. 1 v. 3 fr.

Mlle CL. BADER

La Femme biblique. 2 éd. 1 v. 3 fr. 50
La Femme grecque. 2 vol. . . 7 fr.

Pcess CANTACUZÈNE

Tante Agnès. 1 vol. . . . . . 3 fr.

Mme N. GUILLON

L'Entrée dans le monde, simples récits. 2e édit. 1 vol. . . . . 3 fr.
Cinq années de la vie des jeunes filles. 1 vol. . . . . . . 3 fr.
Projets de jeunes filles. Claire Duquenois, etc. 1 vol. . . . . . 3 fr.

ANT. RONDELET

Le Lendemain du mariage. 2e édit. 1 vol. . . . . 3 fr.
Le Danger de plaire, etc. 1 v. 3 fr.
L'Education de la 20e année. Lettres de ma cousine Nathalie. 1 vol. 3 fr.

MASSON (MICHEL)

Les Historiettes du père Broussailles. 1 vol. . . . . 3 fr.
Les Gardiennes. 1 vol. . . . 3 fr.
Lectures en famille. Scènes du foyer domestique. 1 vol. . . . . 3 fr.

Mlle ROGRON

Le Choix de Suzanne. 1 vol. 3 fr.

Mlle BENOIT

Françoise, la vocation d'une chrétienne. 1 vol. . . . . . 3 fr.

Mme FERTIAULT

L'Éducation du cœur. Causeries et conseils d'une mère. 1 vol. . 3 fr.

F. FERTIAULT

Les féeries du travail. Conférences sur les travaux de dames. 1 vol. 3 fr.

Mme GAGNE MOREAU

Mémoires d'une Sœur de charité. 1 vol. . . . . 3 fr.

Mme GABRIELLE D'ÉTHAMPES

Isabelle aux blanches mains. Chronique bretonne. 1 vol. . . . . 3 fr.

Mlle AUG. COUPEY

L'Orpheline du 41e. 1 vol. . . 3 fr.

Mlle GUERRIER DE HAUPT

Marthe. (*Ouv. cour. par l'Académie française*). 1 vol. . . . . . 3 fr.
Forts par la foi. 1 vol. . . . 3 fr.

Mme LENORMANT

Quatre Femmes au temps de la révolution. (*Ouv. couronné par l'Académie franç*). 2e édit. 1 vol. 3 fr.

EUG. MULLER

Récits champêtres (*Couronné par l'Académie franç*.). 1 vol. . . 3 fr.

HIPP. AUDEVAL

Paris et province ; deux histoires de notre temps. 1 vol. . . . . 3 fr.

MILA (Ctesse DE)

Linda. 1 vol. . . . . 3 fr.

Mme THURET

Belle mère et belle fille. 2e édition. 1 vol. . . . . 3 fr.

Mlle THÉRÈSE ALPH. KARR

La fille du Cordier. Histoire irlandaise, trad. de Griffin. 1 vol. 3 fr.

J. DE CHAMBRIER

Marie-Antoinette, reine de France. 2e édit. 2 vol. . . . . 7 fr.

Mme DE WITT

Charlotte de la Trémoille, comtesse de Derby. 1 vol. . . . . . 3 fr. 50

E. JONVEAUX

Le sacrifice de Paul Wynter, imité de mistr. Dufus Hardy. 1 vol. 3 fr.

Mme MARIE SEBRAN

Rousou. Histoire du village. 1 v. 3 fr.
Journal d'une mère pendant le siége de Paris. 1 vol. . . 3 fr.

Mme KRAFFT BUCAILLE

Le secret d'un dévouement 1 v. 3 fr.

AUG. DE BARTHÉLEMY

Pierre le Peillarot (1789-1795). 1 vol. . . . . 3 fr.

Mme TASTU

Lettres choisies de Madame Sévigné avec notes et son éloge. (*Couronné par l'Acad. franç*. 1 v. 3 fr.

BIBLIOTHÈQUE D'ÉDUCATION MORALE

Première série à 3 fr. le vol. broché, 4 fr. 50 relié

Mme LA PRINCESSE DE BROGLIE

Les Vertus chrétiennes. — Les Vertus théologales et les Commandements de Dieu. Ouvrage approuvé par Mgr l'Archevêque de Paris. 2 vol. in-12, illustrés de lithographies et de vignettes.

Mme DE WITT, NÉE GUIZOT

Le Cercle de famille. 1 vol. in-12. Orné de gravures.
Les Petits Enfants, contes. 1 vol. in-12, orné de gravures.
Contes d'une Mère à ses Enfants. 1 vol. in-12, orné de gravures.
Une Famille à la campagne. 1 vol. in-12, orné de lithographies, etc.
Une Famille à Paris. 1 vol. in-12, orné de lithographies et vignettes.
Promenades d'une Mère, ou les douze Mois. 1 vol. in-12, orné de lithogr., etc.
Hélène et ses Amies, histoire pour les jeunes filles, traduit de l'anglais. 1 vol. orné de lithographies.
Scènes d'histoire et de famille. (*Ouv. couronné par l'Acad. franç.*) 1 vol. in-12.

DE GERANDO ET Bin DELESSERT

Les Bons exemples, nouvelle morale en action. — *Charité et Dévouement.* 1 vol. in-12, illustré de jolies vignettes de J. David.
—— 2e série : *Courage et Humanité.* 1 vol. in-12, illustré de jolies vignettes de J. David.

MICHEL MASSON

Les Enfants célèbres, histoire des enfants qui se sont immortalisés par le malheur, la piété, le courage, le génie, etc. Nouvelle édition. 1 vol. in-12, orné de grav. et vignettes.

ARMAND DU BARRY

L'Alsace-Lorraine en Australie. Histoire d'une famille d'émigrants dans le continent austral. 1 joli vol. orné de gravures.

Deuxième série à 2 fr. le vol. broché, 3 fr. 50 relié

Mme GUIZOT

L'Écolier, ou Raoul et Victor. (*Ouvrage couronné par l'Académie française.* 12e édition. 2 vol. in-12, 8 vignettes.
Une Famille, par Mme Guizot, ouvrage continué par Mme A. Tastu. 7e édition. 2 vol. in-12, 8 vignettes.
Les Enfants. Contes pour la jeunesse. 10e édition. 2 vol. in-12, 8 vignettes.
Nouveaux Contes pour la jeunesse. 9e édition. 2 vol. in-12, 8 vignettes.
Récréations morales. Contes. 10e édit. 1 vol. in-12, 4 vign.
Lettres de Famille sur l'éducation. (*Ouvrage couronné par l'Académie française.* 5e édition. 2 vol. in-12. . . . . 6 fr.

Mme F. RICHOMME

Julien et Alphonse, ou le Nouveau Mentor. (*Ouvrage couronné par l'Académie française.*) 1 vol. in-12, 6 lithographies.

ERNEST FOUINET

Souvenirs de Voyage en Suisse, en Grèce, en Espagne, etc., ou Récits du capitaine Kernoel, destinés à la jeunesse. 1 vol. in-12 avec 6 lithographies.

Mme L. BERNARD

Les Mythologies racontées à la jeunesse. 5e édition. 1 vol. in-12, orné de gravures d'après l'antique.

Mlle C. DELEYRE

Contes pour les enfants de 5 à 7 ans. Nouv. édit. revue par Mme F. Richomme. 1 vol. in-12, avec jolies lithographies.
Contes pour les enfants de 7 à 10 ans. Nouv. édit. revue par Mme F. Richomme. 1 vol. in-12, avec jolies lithographies.

BERQUIN

L'Ami des Enfants. Édition complète. 2 vol. in-12. 32 figures.

Mlle ULLIAC-TRÉMADEURE

Les Jeunes Naturalistes. Entretiens familiers sur les *animaux*, les *végétaux* et les *minéraux*. 5e édition. 2 vol. in-12, ornés de 32 vignettes.

Claude, ou le GAGNE-PETIT. (*Ouv. cour. par l'Acad. fr.*) 2e édit. 1 v. in-12. 4 vign.

Étienne et Valentin, ou MENSONGE ET PROBITÉ. (*Ouvrage couronné.*) 3e édition. 1 vol. in-12. 4 vignettes.

Les Jeunes Artistes. Contes sur les beaux-arts. Nouv. édit. 1 vol. in-12. 4 vig.

Contes aux jeunes Naturalistes sur les animaux domestiques. 5e édition. 1 vol. in-12. 4 vignettes.

Émilie, ou la jeune Fille auteur. 1 vol. in-12. 4 vignettes.

Mme A. TASTU

Les Récits du Maître d'école imités de CÉSAR CANTU. 1 vol. in-12. 4 vignettes.

Les Enfants de la vallée d'Andlau, notions familières sur la religion, les merveilles de la nature, etc., par Mmes VOÏART et A. TASTU. 2 vol. in-12. 8 vignettes.

Lectures pour les Jeunes Filles. Modèles de littérature en *prose* et en *vers*, extraits des Ecrivains modernes. 2 vol. in-12, 8 portraits.

Album poétique des jeunes Personnes, ou CHOIX DE POÉSIES, extrait des meilleurs auteurs. 1 vol. in-12, 4 portraits.

Mme DELAFAYE-BRÉHIER

Les Petits Béarnais. Leçons de morale. 12e édition. 2 vol. in-12. 8 vignettes.

Les Enfants de la Providence, ou AVENTURES DE TROIS ORPHELINS. 6e édition, revue par Mme F. RICHOMME. 2 vol. in-12. 8 vignettes.

Le Collége incendié, ou les ECOLIERS EN VOYAGE. 6e édit. 1 vol. in-12. 4 vign.

Mme ÉL. MOREAU-GAGNE

Voyages et aventures d'un jeune Missionnaire en Océanie, etc. 1 vol. in-12 4 lithographies.

FERTIAULT

Les Voix amies. Enfance, jeunesse, raison. Poésies. 1 vol. in-12.

BUFFON

Le Petit Buffon illustré. Histoire naturelle des *Quadrupèdes*, des *Oiseaux*, des *Insectes* et des *Poissons;* extraite de BUFFON, LACÉPÈDE, OLIVIER, etc., par le bibliophile JACOB. 4 vol. gr. in-32, ornés de 325 figures gravées sur acier. 6 fr.

— LE MÊME, avec les 325 figures coloriées avec soin. . . . . 10 fr.

BERQUIN

Œuvres complètes de Berquin, renfermant *l'Ami des Enfants et des Adolescents*, *le Livre de famille, Sandford et Merton*, etc. 4 vol. in-8, format anglais, illustrés de 200 vignettes. . . . . 10 fr.

Mme TASTU

Le premier Livre de l'Enfance. LECTURE ET ÉCRITURE. Extrait de *l'Education maternelle*. 1 vol. de 80 pages, grand in-8, illustré de 100 vignettes, cartonné. . . . . 2 fr.

MICHEL MASSON

Les Enfants célèbres. Histoire des enfants qui se sont immortalisés par le malheur, la piété, le courage, le génie et les talents. Nouvelle édition. 1 beau vol. grand in-8, illustré de très-jolies lithographies et de vignettes sur bois. 8 fr.

Mme GUIZOT

L'Amie des Enfants. PETIT COURS DE MORALE EN ACTION, comprenant tous les Contes de Mme GUIZOT. Nouvelle édition, enrichie de *Moralités* en vers, par Mme ELISE MOREAU. 1 fort vol. grand in-8, illustré de belles gravures. . . 8 fr.

L'Écolier, ou RAOUL ET VICTOR. (*Ouvrage couronné par l'Académie française.*) Nouvelle édition. 1 joli vol. grand in-8, illustré de belles lithographies. . 8 fr.

ÉDUCATION MATERNELLE

Par Mme Tastu. *Simples leçons d'une mère à ses enfants*, sur la lecture, l'écriture, l'arithmétique, la grammaire, la mémoire, la géographie, l'histoire sainte, etc. Nouvelle édition, imprimée avec luxe, illustrée de 500 jolies vignett. et cart. coloriées. 1 vol. gr. in-8, papier jésus glacé. . . . . 14 fr.

PERNETTE

PAR V. DE LAPRADE, DE L'ACADÉMIE FRANÇAISE

Édition illustrée de 27 beaux dessins de J. Didier, gravés sur bois, et d'un beau portrait en taille-douce. 1 beau vol. grand in-8, papier vélin, glacé. 9 fr.

CONTES ALLEMANDS DU TEMPS PASSÉ

Extraits des recueils des frères Grimm, de Simrock, de Bechstein, de Musæus, de Tieck, Hofmann, etc., etc., avec la légende de Loreley, traduits par Félix Frank et E. Alsleben, avec une préface de M. Laboulaye, de l'Institut. 1 beau vol. gr. in-8, illustré de 25 vignettes de Gostiaux. . . . . 8 fr

PITRE-CHEVALIER

La Bretagne ancienne depuis son origine jusqu'à sa réunion à la France. Nouvelle édition. 1 beau vol. grand in-8, illustré par MM. A. Leleux, Penguilly et T. Johannot, de plus de 200 belles vignettes sur bois, gravures sur acier, types et cartes coloriés. (*Épuisé.*)

La Bretagne moderne depuis sa réunion à la France jusqu'à nos jours. *Histoire des États et des Parlements, de la Révolution dans l'Ouest, des guerres de la Vendée*, etc., illustrée par MM. Leleux, Penguilly et T. Johannot. 1 beau vol. grand in-8, orné de plus de 200 vignettes sur bois, gravures sur acier, types et cartes coloriés. . . . . 15 fr

HERBIER DES DEMOISELLES

Traité de la Botanique présentée sous une forme nouvelle et spéciale, contenant la description des plantes et les classifications, l'exposé des plantes les plus utiles; leur usage dans les arts et l'économie domestique et les souvenirs historiques qui y sont attachés; les règles pour herboriser; la disposition d'un herbier; etc., etc., par Ed. Audouit, édit. revue par le Dr Hoefer. 1 v. in-8, *illustré* de 335 jolies vignettes coloriées. 10 fr.

— Le même ouvrage. 1 vol. in-12, avec les grav. noires. . . . . 5 fr.

— — — — grav. coloriées. . . . . . . 7 fr. 50

ATLAS DE L'HERBIER DES DEMOISELLES

Dessiné par Belaife, gravé et colorié avec soin. Joli album in-4. . . . . . . 16 fr.

— Le même, avec les gravures noires. . . . . 10 fr

---

La Suisse illustrée. Description et histoire de ses vingt-deux cantons, par MM. de Chateauvieux, Dubochet, Francini, Monnard, Meyer de Knonau, H. Zschokke, etc.; *illustrée* de 32 jolies vues gravées sur acier et carte. 1 v. gr. in-8 jésus. Nouvelle edit. . . . . 10 fr.

Les Jeux anciens. Leur description, leur origine, leurs rapports avec la religion, les arts et les mœurs, par L. Becq de Fouquières. 2e édit. illustrée de gravures sur bois d'après l'antique. 1 vol. grand in-8. . . . . 8 fr.

Les villes de Thuringe, Weimar, Erfurt, Iéna, Gotha, Cobourg, Eisenach, etc. Excursion pittoresque et historique dans l'Allemagne centrale, par Ed. Humbert, professeur. 1 vol. gr. in-8, illustré de nombreuses gravures sur bois. . 10 fr.

Le Jeu de Paume. Son histoire et sa description. Notice par Ed. Fournier, suivie d'*un traité de la Courte Paume* et *de la Longue Paume*, etc., etc. 1 vol. in-4, pap. de Hollande, avec 16 pl. photographiées. Cart. à l'anglaise. . 15 fr.

OUVRAGES DE NAPOLÉON LANDAIS

Grand Dictionnaire général des Dictionnaires français, résumé de tous les dictionnaires, par N. Landais, 14ᵉ édition, revue et augmentée d'un *Complément* de 1,200 pages. 3 vol. réunis en 2 vol. grand in-4 de 3,000 pages. . . . . 36 fr.

Ce dictionnaire contient la nomenclature exacte des mots *usuels et académiques, archaïques et néologiques, artistiques, géographiques, historiques, industriels, scientifiques*, etc., *la conjugaison de tous les verbes irréguliers, la prononciation figurée des mots, les étymologies savantes, la solution de toutes les questions grammaticales*, etc.

Complément du Grand Dictionnaire de Napoléon Landais, pour les onze premières éditions, par une société de savants sous la direction de MM. D. Chésurolles et L. Barré. 1 fort vol. in-4 de près de 1,200 pages à 3 colonnes. . 15 fr.

Grammaire générale des Grammaires françaises, présentant la solution de toutes les questions grammaticales, par N. Landais. 6ᵉ édit. 1 vol. in-4. . 9 fr.

Petit Dictionnaire des Dictionnaires français, par N. Landais. Ouvrage *entièrement refondu*, et offrant, sur un nouveau plan, la nomenclature complète, la prononciation nécessaire, la définition claire et précise et *l'étymologie* vraie de tous les mots du vocabulaire usuel et littéraire, et de tous les termes scientifiques, artistiques et industriels de la langue française, par M. Chésurolles. 1 très-joli vol. in-32 de 600 pages.. . . . . 1 fr. 50

Dictionnaire des Rimes françaises, disposé dans un ordre nouveau d'après la distinction des rimes en *suffisantes, riches* et *surabondantes*, etc., précédé d'un *Traité de Versification*, etc., par N. Landais et L. Barré. 1 vol. in-32. . 1 fr. 50

DICTIONNAIRE UNIVERSEL DES SYNONYMES

De la langue française, par M. Guizot. 7ᵉ édition. 1 vol. in-8, 12 fr., relié. 15 fr.

DICTIONNAIRE DE TOUS LES VERBES

De la langue française tant *réguliers qu'irréguliers*, entièrement conjugués, sous forme synoptique, précédé d'une théorie des verbes et d'un traité des participes, etc. d'après nos grands écrivains; par MM. Verlac et Litais de Gaux, etc. 1 beau vol. in-4. Nouv. édit. 10 fr.

VERGANI. Grammaire italienne en 20 leçons, augm. de nouv. leçons par Moretti et revue par Brunetti. 22ᵉ édit. in-12. . . . . 1 fr.

DICTIONNAIRE DE MÉDECINE USUELLE

A l'usage des gens du monde, des chefs de famille et des grands établissements, des administrateurs, des magistrats, des officiers de police judiciaire, et enfin de tous ceux qui se dévouent au soulagement des malades.

Par une société de Membres de l'Institut, de l'Académie de médecine, de Professeurs, de Médecins, d'Avocats, d'Administrateurs et de Chirurgiens des hôpitaux : Andrieux, Andry, Blache, Blandin, Bouchardat, Bougery, Caffe, Capitaine, Carron du Villards, Chevalier, Cloquet (J.), Colombat, Cottereau, Couverchel, Cullerier (A.), Deleau, Devergie, Donné, Falret, Fiard, Furnari, Gerdy, Gilet de Grammont, Gras (Albin), Larrey, (H.) Lagasquie, Landouzy, Lélut, Leroy d'Etiolles, Lesueur, Magendie, Marc, Marchesseaux, Martins, Miquel, Olivier (d'Angers), Orfila, Paillard de Villeneuve, Pariset, Plisson, Sanson (A.), Royer-Collard, Trébuchet, Toirac, Velpeau, Vée, etc. Publié sous la direction du docteur Beaude, médecin inspecteur des eaux minérales, membre du Conseil de salubrité. 2 forts vol. in-4.. . . . . 24 fr.

Demi-reliure dos de chagrin. . . . . 30 fr

LE CORPS DE L'HOMME

Traité complet d'anatomie et de physiologie humaine, suivi d'un *Précis des Systèmes de* Lavater *et de* Gall; à l'usage des gens du monde, des médecins et des élèves, par le docteur Galet. 4 vol. in-4, *illustré* de plus de 400 figures dessinées d'après nature et lithographiées. . . . . 90 fr.

ÉTUDE SUR LA GÉOGRAPHIE HISTORIQUE DE LA GAULE

AU MOYEN AGE

Par M. MAX DELOCHE, de l'Institut. (*Ouvrage couronné par l'Académie des Inscriptions.*) 1 vol. in-4 de 540 pages, accompagné de 2 cartes. . . . . . . 16 fr.

ÉPIGRAPHIE GALLO-ROMAINE DE LA MOSELLE

Étude par CHARLES ROBERT, de l'Institut. 1re partie : Monuments élevés aux Dieux 1 vol. in-4 avec 5 planches photograv. . . . . 15 fr.

LE NORD DE L'AFRIQUE DANS L'ANTIQUITÉ

GRECQUE ET ROMAINE

Étude historique et géographique par M. VIVIEN DE SAINT-MARTIN. Ouvrage couronné en 1860 par l'Académie des inscriptions et belles-lettres. 1 vol. grand in-8, accompagné de 4 cartes. 12 fr.

LES EMPORIA PHÉNICIENS

DANS LE ZEUGIS ET LE BYZACIUM (Afrique septentrionale)

Recherches sur leur origine et leur emplacement faites par ordre de Napoléon III. par A. DAUX, ingénieur civil. 1 vol. gr. in-8, accomp. de 10 plans et vues. 10 fr.

MÉMOIRES ARCHÉOLOGIQUES

Etudes de mythologie grecque. *Ulysse et Circé. Les Sirènes*, par J.-F. CERQUAND, inspecteur d'Académie. in-8.

Saint-Clément de Rome. Description de la Basilique souterraine, récemment découverte, par TH. ROLLER. Grand in-8, avec 9 planches. . . . . 6 fr.

La cathédrale de Strasbourg, remarques archéologiques, par Alb. DUMONT. Grand in-8. . . . . 1 fr. 50

Restitution de la basilique de Saint-Martin de Tours d'après Grégoire de Tours et les autres textes anciens, par J. QUICHERAT. Gr. in-8 avec pl. . . 5 fr.

La stèle de Dhiban. ou *stèle de Mesa*, lettres à M. de Vogüé, par C. CLERMONT-GANNEAU. In-4 avec planches. . . . . 5 fr.

Fragments d'une description de l'île de Crète, par THÉNON. Gr. in-8. 3 fr.

Gargantua. Essai de mythologie celtique par H. GAIDOZ. Gr. in-8. . . . 1 fr. 50

Recension nouvelle du texte de l'Oraison funèbre d'Hypéride, etc., par H. CAFFIAUX. Gr. in-8. . . . . 5 fr.

État de la médecine entre Homère et Hippocrate, par CH. DAREMBERG. Grand in-8. . . . . 5 fr.

La Médecine dans Homère, par CH. DAREMBERG. Gr. in-8 avec pl. . 5 fr.

Cavernes du Périgord. Notes sur des figures gravées ou sculptées d'animaux remontant aux temps primordiaux de la période humaine, par MM. LARTET et CHRISTY. Grand in-8 avec figures. . . . . 2 fr. 50

Mémoires sur les provinces romaines et sur les listes qui nous en sont parvenues, par THÉOD. MOMMSEN, avec un appendice par Ch. Müllenhoff, trad. par Em. Picot. Grand in-8 avec carte. . . . . 3 fr.

Carte de la Gaule de Peutinger, avec de nouvelles observations par M. ALFRED MAURY. Grand in-8 avec carte. . . . . 2 fr. 50

Carte de la Gaule sous le proconsulat de César. Examen des observations critiq. auxquelles cette carte a donné lieu, par CREULY. Gr. in-8 de 100 p. 2 fr. 50

Les Voies romaines en Gaule. Voies des itinéraires. Résumé du travail des commissions de la topographie des Gaules, par ALEX. BERTRAND. Gr. in-8. 2 fr. 50

La Nouvelle table d'Abydos, par AUG. MARIETTE. Gr. in-8 avec une pl. 3 fr. 50

Sur les tombes de l'Ancien Empire que l'on trouve à Saqqarah, par AUG. MARIETTE. Grand in-8, 3 planches. . . . . 3 fr.

Observations sur le texte de Joinville et la lettre de Jean-Pierre Sarazin, par CH. CORRARD. Grand in-8. . . . . 3 fr. 50

Nouvel essai sur les Inscriptions gauloises, par AD. PICTET. Gr. in-8. 3 fr.

La Chronologie biblique fixée par les éclipses des inscriptions cunéiformes, par J. OPPERT. Grand in-8. 2 fr.

Noms propres, anciens et modernes. Études d'onomatologie comparée, par R. MOWAT. Grand in-8. . . . . 3 fr.

Un poëme de la fin du IVe siècle retrouvé par M. Léopold Delisle, recherches par M. CH. MOREL. Grand in-8. . . . . 1 fr. 50

Le passage d'Annibal du Rhône aux Alpes, par l'abbé DUCIS. In-8 de 110 pages. . . . . 2 fr. 50

TRÉSOR
DE NUMISMATIQUE ET DE GLYPTIQUE

RECUEIL GÉNÉRAL DES MÉDAILLES, MONNAIES, PIERRES GRAVÉES, BAS-RELIEFS, ORNEMENTS, ETC.

Tant anciens que modernes, les plus intéressants sous le rapport de l'art et de l'histoire, gravé par les procédés de M. ACHILLE COLLAS, sous la direction de MM. PAUL DELAROCHE, peintre; HENRIQUEL DUPONT, graveur; CH. LENORMANT, de l'Institut, etc.

20 PARTIES OU VOLUMES IN-FOLIO

comprenant plus de 1,000 planches accompagnées d'un texte historique et descriptif.

Prix : 1,260 fr.

I

Numismatique des Rois grecs. 1 v.
Nouvelle Galerie mythologique 1 v.
Bas-reliefs du Parthénon, etc. 1 v.
Iconographie des Empereurs romains et de leurs familles. . 1 v.

II

Histoire de l'Art monétaire chez les modernes . . . . . 1 v.
Choix historique des Médailles des Papes . . . . 1 v.
Recueil de Médailles italiennes, XVe et XVIe siècle. . . . . 2 v.
Recueil de Médailles allemandes, XVIe et XVIIe siècle. . . . . 1 v.
Sceaux des Rois et Reines d'Angleterre . . . . 1 v.

III

Sceaux des Rois et des Reines de France . . . . 1 v.
Sceaux des grands feudataires de la couronne de France . . 1 v.
Sceaux des communes, communautés, évêques, barons et abbés . . . . 1 v.
Histoire de France par les Médailles :
1° **de Charles VII à Henri IV.** 1 v.
2° **de Henri IV à Louis XIV** 1 v.
3° **de Louis XIV à 1789.** . 1 v.
4° **Révolution française.** . . 1 v.
5° **Empire français.** . . . . 1 v.

IV

Recueil général de Bas-reliefs et d'Ornements. . . . . 2 v.

ŒUVRE DE DAVID (D'ANGERS)

Collection de 125 portraits contemporains gravés par les procédés de M. ACH. COLLAS, d'après les médaillons du célèbre artiste. Chaque portrait séparément. . . . . 75 c.

Portraits de Washington, de Napoléon Ier, de Louis-Philippe, gravés d'après les procédés de M. ACH. COLLAS. In-folio, chacun. . . . . 3 fr

Bas-reliefs du Parthénon et du temple de Phigalie, disposés suivant l'ordre de la composition originale et gravés d'après les procédés d'ACH. COLLAS. 1 joli album in-4 oblong, contenant 20 planches et un texte de 40 pages, par CH. LENORMANT de l'Institut, cartonné élégamment à l'anglaise. . . . . 15 fr.

NOUVELLE COLLECTION

DE MÉMOIRES RELATIFS A L'HISTOIRE DE FRANCE

DEPUIS LE XIIIe SIÈCLE JUSQU'A LA FIN DU XVIIIe SIÈCLE

Précédés de notices, etc., par MM. MICHAUD et POUJOULAT, avec la collaboration MM. Champollion, Bazin, etc.

34 vol. gr. in-8 jésus à 2 col., illustrés de plus de 100 portraits sur acier

Prix : 300 fr.

JOURNAL DES SAVANTS

COMPOSITION DU BUREAU :

M. LE MINISTRE DE L'INSTRUCTION PUBLIQUE, *Président.*

Assistants

M. GIRAUD, de l'Acad. des sciences morales.

M. NAUDET, de l'Académie des inscriptions et des sciences morales.

M. CLAUDE BERNARD, de l'Académie des sciences.

M. PATIN, de l'Académie française.

M. DE LONGPÉRIER, de l'Acad. des inscrip. et belles lettres.

Auteurs

M. CHEVREUL, de l'Académie des sciences.

M. MIGNET, de l'Acad. fr. et des sc. morales.

M. B. SAINT-HILAIRE, de l'Ac. des sc. mor.

M. LITTRÉ, de l'Acad. franç. et des inscript.

M. FRANCK, de l'Acad. des sciences morales.

M. BEULÉ, de l'Acad. des beaux-arts.

M. J. BERTRAND, de l'Acad. des sciences.

M. Alf. MAURY, de l'Académie des inscript.

M. DE QUATREFAGES, de l'Acad. des scien.

M. EGGER, de l'Académie des inscriptions.

M. CARO, de l'Acad. des sciences morales.

M. LÉVÊQUE, de l'Acad. des sciences mor.

CONDITIONS DE L'ABONNEMENT

Le *Journal des Savants* paraît chaque mois par cahiers de 8 feuilles in-4. Le prix de l'abonnement est de 36 fr. par an pour Paris, et de 40 fr. pour les départements.
Chaque année forme 1 volume. Il reste encore quelques exemplaires de la collection en 56 vol. au prix de 840 fr. On peut avoir ensemble ou séparément les années depuis 1830 jusqu'en 1872 au prix de 25 fr.

REVUE ARCHÉOLOGIQUE

OU

RECUEIL DE DOCUMENTS ET DE MÉMOIRES RELATIFS A L'ÉTUDE DES MONUMENTS A LA NUMISMATIQUE ET A LA PHILOLOGIE

DE L'ANTIQUITÉ ET DU MOYEN AGE

PUBLIÉS PAR

MM. de Longpérier, F. de Saulcy, Alfred Maury, Ravaisson, Renier, Brunet de Presle, Miller, Egger, Beulé, Ed. Le Blant, Membres de l'Institut; **Viollet-le-Duc,** Architecte du Gouvernement; **le général Creuly, A. Bertrand, Chabouillet,** de la Société des Antiquaires de France.
A. Mariette, Deveria, Conservateurs du Musée du Louvre;
J. Quicherat, Perrot, Heuzey, Wescher, Dumont, de l'École d'Athènes, etc.

ET LES PRINCIPAUX ARCHÉOLOGUES FRANÇAIS ET ÉTRANGERS

MODE ET CONDITIONS DE L'ABONNEMENT

La *Revue archéologique* paraît chaque mois par cahiers de 64 à 80 pages grand in-8, qui forment, à la fin de chaque année, deux volumes ornés de planches gravées sur acier et de gravures sur bois intercalées dans le texte.

Prix : Paris : Un an, 25 fr. — Départements : Un an, 28 fr.

Les années 1860 à 1873, formant les 26 premiers volumes de la nouvelle série, coûtent chacune 25 fr.

PARIS. — IMP. SIMON RAÇON ET COMP., RUE D'ERFURTH, 1.

www.ingramcontent.com/pod-product-compliance
Ingram Content Group UK Ltd.
Pitfield, Milton Keynes, MK11 3LW, UK
UKHW020348180726
13839UKWH00002B/997